길바닥 無 먹큐멘터리
# 전현무계획

맛 좀 아는 먹브로의 무계획 유랑기

길바닥 無 먹큐멘터리

# 전현무계획

맛 좀 아는 먹브로의 무계획 유랑기

MBN 〈전현무계획〉 제작팀 지음

다온북스

**추천사 01**

　계획하지 않고 찾아간 식당에서 인생 최고의 맛을 만나는 기쁨과 행운을 맞을 때가 있다. 한 끼를 먹어도 맛있는 것, 제대로 된 것을 먹어야 하루의 시작이, 남은 하루가 행복한 법이다. 생각지도 못한 곳에서 만난 음식은 '먹어야 살아가는' 우리에게 가장 흔하지만 가장 소중하고 값진 일이다. 그리고 이것이 우리 〈전현무계획〉의 참 의미다.

　세상에 맛있는 음식은 우리가 아는 것 이상으로 많고 아직 접하지 못한 맛 또한 무궁무진하다. 지난 2024년 겨울, 준빈이와 처음 이 프로그램을 시작하며 전국에 숨어있는 귀한 맛을 보고, 사장님들의 열정과 음식에 대한 애정을 보며 단 한 끼도 허투루 한 적이 없다. 수많은 맛집과 핫플 속에는 우리가 무심코 지나쳤거나 핫플에 가려져 돌아보지 못했던 진정한 맛집이 많다. "이 동네에 가면 이걸 먹어야지!"도 중요하지만, "이곳이니까, 이곳에서만 맛볼 수 있는" 진정한 맛들로 에너지를 채운 순간이 많았다.

　가끔은 정해진 길이 아닌 무작정 내 발길이, 내 마음이 이끄는 대로 가도 좋다. 뜻하지 않은 시련이 있을지라도 그 끝에는 내가 상상하지 못한 큰 감동이 따르기도 한다. 음식의 진정한 맛을 알아간다는 건 이처럼 우리의 인생과 같을지도 모른다. 이렇게 귀한 경험을 할 수 있게 해준 현지 주민분들, 식당 사장님들, 함께 해준 먹친구 여러분 모두에게 다시 한번 감사함을 전한다.

**한 끼를 먹어도 제대로 먹고 싶은 남자, 전현무**

**추천사 02**

이 책을 읽는 내내 침이 고였다.

직접 갔을 때도 맛있었고 책으로 보니 또 맛있다.

지도에도 잘 안 나오는 동네 구석구석. 현지인들에게 물어물어 찾아가는 맛있는 여행을 현무 형과 함께할 수 있어 지난 사계절이 맛있었다.

그때의 기억들과 입이 기억하는 맛들이 다시금 입맛을 다시게 한다. 책으로 재탄생한 우리의 추억 여행과 감탄의 연속이었던 식당들 하나하나를 다시 볼 수 있어서 좋다.

가게 이름도 생소한데, 단순한 맛집이 아니라 골목과 사람과 음식이 함께 살아 숨 쉰다. 그래서일까? 딱딱한 맛집 평론이 아니라, 친구랑 수다 떨 듯 편하게 읽힌다. 읽다가 "여긴 또 가봐야겠다"라는 생각이 절로 든다.

식도락가도, 여행 초보도, 그냥 먹는 거 좋아하는 사람도 만족할 책.
혼여행을 떠날 때도 지역별 먹거리에 도움을 줄 책이다.

책을 덮자마자 핸드폰을 들게 된다.

"여기까지 얼마나 걸리지?"

**미식에 눈을 뜬 남자, 곽준빈**

차례

추천사
전현무 곽준빈

( 첫 번째 길바닥 )

## 서울특별시

마포구 • 12  영등포구 • 17  성동구 • 21
용산구 • 26  중구 • 31  중랑구 • 41  종로구 • 46

( 두 번째 길바닥 )

## 경기도&인천광역시

경기도 광주시 • 58   경기도 안산시 • 64
인천 연수구 • 77   인천 중구 • 81   인천 미추홀구 • 93

( 세 번째 길바닥 )

## 부산광역시

사상구 • 102   중구 • 107   남구 • 118   해운대구 • 124

( 네 번째 길바닥 )

## 전라도

여수시 · 132   광주광역시 · 171   나주시 · 177
무안군 · 184   담양군 · 191   고창군 · 196   전주시 · 203

( 다섯 번째 길바닥 )

## 강원특별자치도

홍천군 · 212   양양군 · 216   속초시 · 234

( 여섯 번째 길바닥 )

## 경상도

구미시 · 248   대구광역시 · 253   울산광역시 · 283   포항시 · 300

에필로그
연출 이효원

## 첫 번째 길바닥

# 서울특별시

마포구

영등포구

성동구

용산구

중구

중랑구

종로구

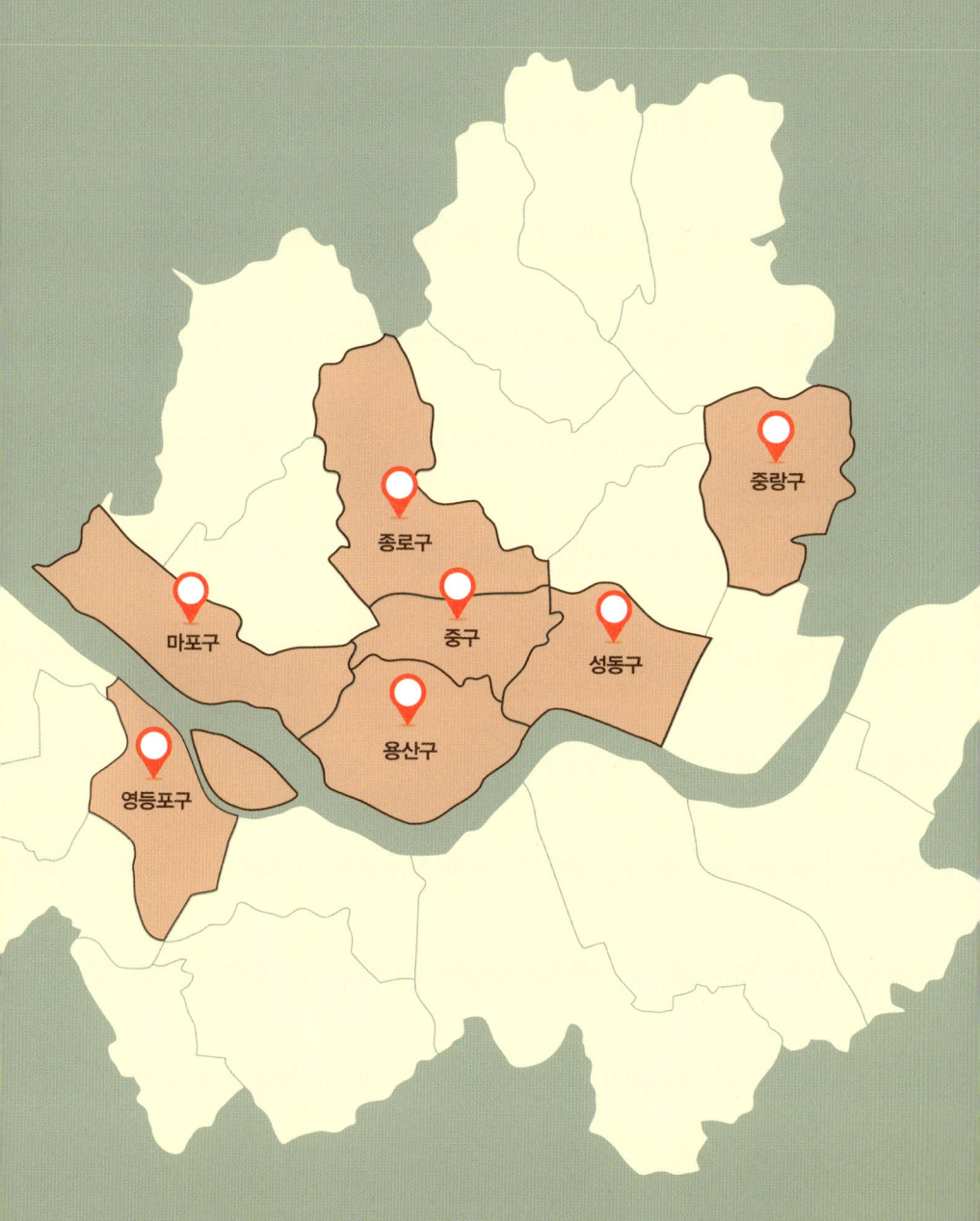

첫 번째 길바닥 서울 "마포구"

# 대방어 회 × 달래장

## 📍 남해바다

| | |
|---|---|
| 주소 | 서울 마포구 토정로37길 46 정우맨션 1층 |
| 운영 시간 | 매일 11:00~23:00 |
| 찾아 가기 | 공덕역 마포역 사이 도보 5분 |

제철 바다의 맛을 서울에서 느낄 수 있는 〈남해바다〉! 장사 시작할 때부터 발품 팔아서 확보한 신선한 자연산 제철 해산물만 고집하는 것이 이곳만의 철학이다. 한 칸으로 시작해 상가 1층을 장악한 전라도 제철 사계절을 품은 찐 맛집! 특히 이곳은 대한민국 대표 맛객 황교익과 허영만이 인정한 집이기도 하다.

저녁 식사는 예약조차 어려워 아침에도 회를 먹을 수 있는 이곳에서 먹는 무계획 첫 음식은?! 11월부터 2월까지가 제철이자 겨울엔 기름진 육질과 고소한 풍미가 절정에 달하는 '대방어 회'! 마치 요리를 시킨 것처럼 정갈하고 푸짐한 밑반찬과 먹음직스럽고 윤기가 좌르르 흐르는 대방어 회가 차려진다! 그리고 맛집에는 항상 시그니처가 있는 법! 조금 느끼할 수 있는 방어와 이곳만의 특별한 '달래장'을 함께 싸 먹으면 완벽한 조화를 이루는 것이 '키$^{key}$'다.

김 한 장을 깔고 그 위에 방어 한 점을 올린 다음 달래장을 듬뿍 올린다. 그리고 된장과 고추냉이 조금을 얹고 기호에 따라 묵은지 또는

3년 이상 푹 익힌 갓김치 혹은 묵은지 한 점과 마늘 또는 고추를 넣어 먹는다.

"이 대방어 맛은 쿵쿵이야! 심쿵 한 번! 위쿵 두 번!" 이곳의 방어는 바로 '제주산 대방어'로 더욱 특별하다고 한다. 대방어잡이 전 미끼로 쓸 자리돔 잡는다. '자리돔'은 제주도 특산품으로 뛰어난 맛을 자랑하며, 젓갈, 물회 등으로 요리되나 제주산 대방어의 미끼로 쓰인다. 물살이 센 곳에서 겨울 바다를 누빈 제주 자연산 대방어는, 오직 '줄낚시'로 잡기 때문에 고기 스트레스도 적고 상처도 적어 맛이 아주 좋다! 노련한 어부들의 손으로 낚아 상에 오른 귀하디귀한 제주 자연산 대방어. 자꾸만 손이 가는 이 맛은 어느새 식탁을 초토화시킨다.

특별한 방어에 이어 겨울철 또 다른 별미 '호래기 회'까지 추가요~ 초겨울에 반짝 잡혀 어획량이 적고 양식이 되지 않아 귀한 식재료로 쓰이는 호래기! 산지에서 대부분 소진되어 수도권에서는 특히나 찾기 힘들 정도다. 몸통이 작아서 찌거나 삶으면 식감이 연하고, 팔팔

끓이면 쫄깃쫄깃해지는 제철 호래기를 호로록~하면? 그야말로 동공 확장! 씹을 때 터지는 맛에 무한 감탄이 터져 나오는 맛! "이건 진짜 미식가들의 음식이야."

첫 번째 맛집 소감
"제철 자연산 재료는 물론 조리 철학까지 완벽해야 돼.
유일무이한 대방어 하나만으로도 올 만한 가치가 있다."

**현무의 먹팁**

하나. 이곳 대방어회는 평일 오전에 공략할 것(feat. 반차, 월차, 연차)

둘. 주방까지 갈 필요 없이 모든 주문은 인터폰으로 가능!

셋. '활어회'는 살아 있는 상태에서 손질한 생선회로, 육질이 신선하여 쫄깃쫄깃하게 씹는 맛이 특징이다.

넷. '선어회'는 신선한 생선을 저온 보관 또는 빙장 후 손질하여 숙성을 거친 회다. 활어회와 달리 풍부한 감칠맛과 풍미가 특징으로 '방어회'가 대표적인 선어회!

( 방어 구분 방법 )

- **중방어** 4kg 미만
- **대방어** 4kg~8kg 미만
- **특대방어** 8kg 이상

( 방어 부위별 맛은? )

**대방어 등살:** 기름기가 적고 부드러우며 담백한 맛

**대방어 가마살(턱살):** 양이 아주 적게 나오고 달큰함이 느껴지는 귀한 특수 부위로, 단단한 식감과 기름진 고소함이 일품

첫 번째 길바닥 서울 "영등포구"

# 애호박찌개 × 제육볶음

## 📍 남도집

| | |
|---|---|
| **주소** | 서울 영등포구 여의대방로 379 제일빌딩 2층 |
| **운영 시간** | 월~토 10:30~20:00 / 15:00~17:00 브레이크타임 / 매주 일요일 정기휴무 |
| **찾아 가기** | 샛강역 2번 출구 직진 KBS별관 뒤쪽 주한인도네시아 대사관 맞은편 제일빌딩 2층 |

대한민국 정치, 금융, 언론의 중심지이자 직장인을 위로하는 찐 맛집이 즐비한 영등포구 여의도! 노포부터 핫플까지 포진된 맛집 명당에서 전前 여의도인 현무만 알고 싶은 단골집은 바로, 〈남도집〉! 현무의 보석함에 저장된 보석 같은 맛집으로, 조미료 NO, 건강한 맛으로 승부해 집밥 느낌으로 여의도 직장인들을 위로하는 따뜻한 한 끼를 맛볼 수 있다.

벌써 약 14~5년째 식당을 운영하는 사장님은 "식구들이 먹는 것처럼 음식을 한다"라는 초심을 지금까지 이어오고 있다. 식당을 찾는 일에 지친 분들에게 기운을 불어넣는 건강한 한 끼를 내어주는 사장님의 마음. 그 마음이 통했는지 찾는 손님들이 그릇을 싹싹 비우고 '건강하게 집밥 먹고 갑니다!'라며 에너지를 충전해 간다. "어머니! 늘 먹던 대로 준비해 주세요!" 남도의 맛 '애호박찌개'와 남자들의 소울푸드 1위 메뉴 '제육볶음' 주문이요~

메인 메뉴가 나오기 전 먼저 차려지는 또 다른 밥도둑, 밑반찬! 맛

김장아찌

집의 내공은 '밑반찬'에서 나오는 법! 손님상에 낼 생각으로 정성스레 만드는 들깨 김치, 무김치, 김장아찌, 명이 장아찌, 콜라비 장아찌, 톳 조림, 가지찜, 방풍나물 등 제철 식재료로 매일 달라져 손님들에게 "반찬 맛집"이라 불리기도 한다. 특히 이곳의 '김장아찌'는 약재만 5가지 이상이 들어간 특별한 간장 양념으로 만들어져 게 눈 감추듯 밥 한 공기를 뚝딱하게 한다.

그리고 등장하는 메인 메뉴, 사장님이 고집스럽게 지켜온 레시피로 지글보글 내어지는 "애호박찌개"! 센불에 볶은 고기와 새벽부터 끓인 육수를 넣고 든든한 한 끼를 위해 인심 좋게 넣은 갖은 재료와 채 썬 애호박이 듬뿍 들어갔다. 광주에서 처음 애호박찌개를 먹어보고 그 맛이 그리워 악몽까지 꿨었다는 현무. 여의도에서 인생 찌개를 만난

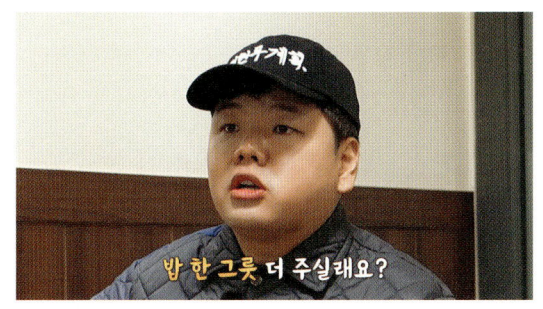

곳이 바로 이곳이다. 준빈의 고향 경상도에서는 흔하지 않은 음식이기에 전라도 엄마 밥상을 알려주고파 이곳을 찾은 것이 현무의 계획이었다.

이어서 전라도식 "제육볶음" 등장이요! 프라이팬에 삼겹살을 바짝 구운 후 직접 담근 고추장 한 스푼을 추가해 불향을 가득 머금었다. 맵고 달고 짠 우리가 아는 원초적인 맛이 아닌 상상 그 이상 뒷맛이 깔끔한 맛의 제육볶음! 조미료 없이 어떻게 이런 맛이?! 살아 있는 불맛과 절대 자극적이지 않고 기분 좋은 매콤함에 밥에 넣어 싹싹 비벼 먹는다.

> **두 번째 맛집 소감**
> **"이 가게를 처음 알았을 때는 깜짝 놀랐을 것 같아요."**

### 사장님이 고집스럽게 지켜온 레시피

- 파뿌리, 다시마, 무, 디포리, 멸치로 육수를 끓인다.
- 돼지고기와 채 썬 애호박, 양념을 넣어서 한솥 끓인다.
- 조미료 NO! 1인분에 애호박 1개 이상 아낌없이 팍팍 썰어 넣어 양념이 배어 씹는 맛이 좋다.

첫 번째 길바닥 서울 "성동구"

# 문어삼겹찜 × 갑오징어 요리 × 파전

## 📍 부부요리단

| | |
|---|---|
| 주소 | 서울 성동구 독서당로40길 25-1 1층 부부요리단 |
| 운영 시간 | 매일 11:00~22:00 / 15:00~17:00 브레이크타임 |
| 찾아 가기 | 옥수역 7번 출구 우측 골목 83m |

현무가 5년 동안 살았다는 금호동! 현무와 친하면서 준빈의 심장을 두근거리게 하는 걸 그룹과 만남을 위해 향한 먹브로. 과연 준빈의 마음을 설레게 할 그녀는?! 현무의 절친, 그룹 시크릿 출신 가수 겸 배우 송지은과 그녀의 남편이자 장애와 편견을 뛰어넘는 크리에이터 박위! 감동적인 러브스토리로 화제를 이끈 이들 부부와 함께 도착한 식당은 현무와 지은의 사모임 맛집 〈부부요리단〉이다.

호텔 출신 셰프 부부가 운영하는 가족 식당이자, 제주 흑돼지, 완도 전복과 문어만 고집해 산지 재료로 만드는 최상의 퀄리티가 이곳 〈부부요리단〉의 키포인트. 거기에 부부가 전국을 돌며 연구·개발한 제철 장아찌 밑반찬 골라 먹는 재미가 있다. 메뉴판부터 남다른 센스를 자랑하는 이곳의 추천 메뉴 "문어삼겹찜"과 "갑오징어 요리", "파전" 주문이요~

딱 봐도 범상치 않은 담음새로 감탄하게 되는 밑반찬! 갓 장아찌, 목이버섯 장아찌, 고추장아찌, 무말랭이, 해파리냉채 등 보기만 해도

군침이 도는데 동네에서 즐기는 고품격의 맛 "문어삼겹찜"이 내어진다. 최상급 문어에 깐깐한 안목으로 엄선된 제주 흑돼지의 껍질까지 그대로 살려 쫄깃함과 담백함이 2배! 고기의 두께까지 치밀하게 계산되어 최상의 맛을 자랑한다.

이때 전통적이면서도 세련미가 있는 문어삼겹찜을 박위에게 슬쩍 챙겨주는 지은의 다정한 손길이 눈에 띈다. 평소 친오빠처럼 지은을 걱정했던 현무는 영화보다 영화 같은 부부의 모습에 마음이 놓였다며 마음을 전한다. 농담도 진담으로 믿는 지은과 낙천적인 긍정에너

지를 전하는 박위의 러브스토리가 이어질 때 나오는 두 번째 음식! 깨끗이 손질한 갑오징어와 제주산 흑돼지의 매콤한 만남
을 자랑하는 "갑오징어&흑돼지 불고기"! 콩나물에 마늘을 얹어 한 쌈 싸서 서로에게 먹여주니 대만족을 부르는 맛이다.

  후각을 자극하는 마지막 음식 등장! 신선한 파가 가득 들어간 진리의 겉바속촉, "갑오징어 파전"이다. 코리안 피자라 해도 과언이 아닐 정도의 두께감과 부드러운 갑오징어, 파의 식감이 환상의 향연을 이룬다. 파전 하나 때문에라도 찾아올 것 같은 감동적인 맛이다.

  겉모습은 강렬해도 속은 부드럽고 환상의 맛을 자랑하는 이곳의 음식들. 마치 〈부부요리단〉의 두 셰프처럼 모든 음식의 식재료가 서로

의 부족한 식감, 맛을 보완하며 환상의 궁합을 이룬다. 그런 그들이 만든 음식에서 서로의 부족함을 완벽히 채워주는 강한 확신이 된다.

> **세 번째 맛집 소감**
> **"사이좋은 부부를 닮아 맛도 환상의 궁합!"**

**현무의 먹팁**

하나. **'문어삼겹찜'**은 문어를 참기름장에 찍은 후 삼겹살, 제철 장아찌를 번갈아 가며 즐기면 끝!

둘. **'갑오징어 & 흑돼지 불고기'**는 매콤하니까 깻잎쌈 강력 추천!

셋. **'갑오징어 파전'**은 국내산 생 할라페뇨(아삭이 고추)인 퍼펙트 고추장아찌와 편마늘을 곁들이면 또 다른 별미!

첫 번째 길바닥 서울 "용산구"

# 고추잡채 × 골뱅이무침

## 📍 순덕이네 고향포차

| | |
|---|---|
| 찾아 가기 | 1. 서울역 15번 출구 312m |
| | 2. 횡단보도를 건너라 |
| | 3. 도보로 7분을 걷다 보면 오른쪽에 위치 |
| 운영 시간 | 17:00~22:00 보통 이럴지만 이 또한 순덕이모 마음 |

어둠이 내린 서울역 뒷골목, 서울 한복판에 베일에 싸인 노포 맛집을 찾아가다! 예약 불가, 항상 만석인 할매카세 맛집이 있다?! 사장님이 허락한 사람만 입장할 수 있고 손 큰 사장님 요리 인심에 2인은 입장 불가! 단골손님 예약 시 외지인 손님 입장 불가?! 검색해도 나오지 않고 간판조차 없다! 찾는 것조차 쉽지 않은 '나만 알고 싶은' SNS 숨겨진 찐 맛집!

"내 말이 곧 법이다." 철저히 사장님 중심으로 운영되는 노포 맛집이다. 손님과 함께 만들어가는 이곳은 사장님과 손님들의 정취가 묻어 있는 구수한 맛집이다. 하지만 시작부터 난관에 봉착한 현무와 준빈. 힌트대로 찾아가도 알 수 없는데…. 때마침 만난 시민의 도움으로 도착했지만 더 큰 난관이 기다리고 있었다. "2명은 안 받아!" 카리스마 철철! 단호한 사장님 철학으로 즉석에서 제작진 추가 섭외 완료 후 꿈에 그리던 할매카세 입성!

　메뉴 추천 NO! 노장의 자신감 뿜뿜! 고추잡채와 골뱅이무침 주문 후 밥·술·물은 셀프로 주문 완료! 이것이 할머니의 정일까?

　푸짐한 밑반찬으로 기선 제압되고 이미 행복해지는 압도적인 비주얼! "챙긴 건 없어도 그냥 먹어~" 어머니! 어딜 봐서 챙긴 게 없는 것인가요?! 제대로 챙겼다가는 상다리 부러질 듯한 큰손 인정! 매콤 새콤한 양념에 살살 버무린 제철 굴 무침에 기본 반찬이지만 근사한 요리처럼 입안에 꽉 차는 크기의 달걀말이 등 자꾸만 손이 가는 감칠맛 폭발의 기본 반찬! 거기에 두부와 호박을 넣고 자박하게 끓여낸 풍미가 다른 된장찌개까지! 벌써 배가 부른 것 같은데, 이어지는 첫 번째 메인 요리 '고추잡채'의 등장에 눈이 휘둥그레지는 현무. "워메, 마을 잔치여?!"

　웬만해서는 맛없기도 어렵지만 특별히 맛있기는 더 어려운 '잡채'. 잡채 잘하는 집이 진짜 맛집이라는 말이 있을 정도로 그야말로 고추잡채의 정석이라 하겠다! 준빈의 인생 잡채로 인정할 정도로 잡채가 맛있는 음식이란 걸 알게 해주는 사장님의 요리. 양념을 촉촉하게 머금어 밥 비벼 먹으면 맛이 없을 수 없는 요리 인정! 다음으로 이어지는 수북한 파채, 넉넉한 골뱅이에 손맛에서 나오는 진정한 감칠맛이 폭발하는 '골뱅이무침'까지! 요리 2개 시켰을 뿐인데 한 상 가득하니, 마치 할머니 집에 왔을 때 차려주시는 밥상이 절로 떠오르게 한다. 사장님 기분에 따라 안 나올 수도 있는 서비스에, 남기면 섭섭해지는 할

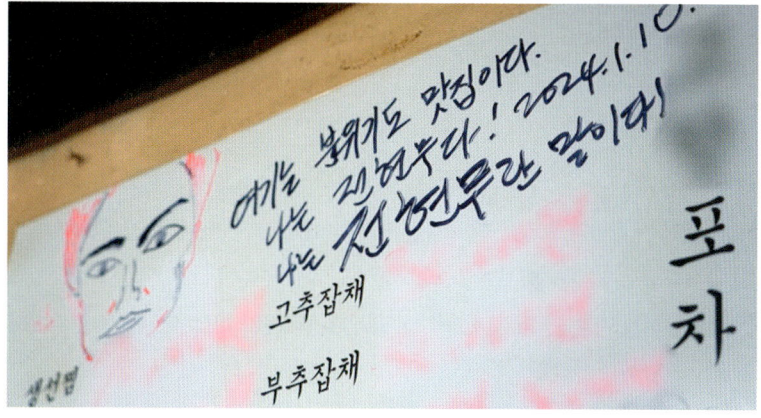

매 마음. 겉은 까칠하지만 속은 따뜻한 츤데레 할머니의 정이 솔솔 느껴진다.

20년의 365일. 매일 단 하루도 단골들을 위해 문을 열지 않은 적이 없는 사장님. 그걸 아는 손님들을 언제나 찾아오고 그런 손님들을 생각하며 음식을 만들 때가 제일 행복하다. "힘이 닿는 데까지 할 거예요."

> **네 번째 맛집 소감**
> **"여기는 분위기도 맛집이다."**

**현무의 먹팁**

하나. 손이 큰 사장님 요리를 여러 종류 많이 먹고 싶다면 2인 이상 방문하기

둘. 밥, 술, 물은 셀프(feat. 내가 김순덕이다)

셋. 달걀말이는 기본 안주로 나오니 그 외 안주 한 가지 이상 주문해서 맛깔스러운 음식 다양하게 즐기기

첫 번째 길바닥 서울 "중구"

# 김치 두루찌개 × 제육볶음 × 달걀말이

## 📍 오양식관

| | |
|---|---|
| 주소 | 서울 중구 세종대로21길 49 오양수산빌딩 |
| 운영 시간 | 월~토 10:00~22:00 / 14:00~16:00 브레이크타임<br>20:30 라스트오더 / 매주 일요일 정기휴무 |
| 찾아 가기 | 광화문역 6번 출구에서 204m |

서울의 중심에서 맛의 근본을 찾다. 슬슬 시동 걸기 시작하는 맛브로 현무와 준빈. 출근길 마음 급한 직장인들에게 물어보는데…. 아니, 명절에도 못 본 현무의 사촌 형을 만나다니! 게다가 맛집도 많이 알고 있다니 이런 행운이 따르는 무계획이란~ 믿고 먹는 사촌 형 추천 맛집으로 가 볼까?

빛바랜 간판이 그 세월을 말해주는 이곳, 바로 광화문에 위치한 〈오양식관〉이다. 15년 이상 영업하며 '식당'이라는 뜻의 충남 사투리 '식관'을 이름에 붙여 사용 중인 곳이다. 입맛 까다롭기로 유명한 기자들도 많이 찾는 곳이다. 영업 전이지만 미리 영업 준비를 마치신 덕분에 촬영 허가까지 해주신 사장님! 어쩌다 보니 오늘의 첫 손님이 된 먹브로. 이것이 전현무계획의 정체성이다. 자, 이제 음식 주문 차례! 한국인의 소울푸드 김치찌개와 직장인 선호도 1위 제육볶음, 그리고 빠지면 섭섭한 달걀말이가 묶인 고민 필요 없는 맛.없.없(맛이 없을 수 없는) 세트 메뉴 주문이요~

탐스러운 달걀말이와 보기만 해도 군침 도는 제육볶음. 고추장을 넣어 끓인 이곳의 메인 요리 김치찌개 등장이요. 아는 맛이라 더 반가운 오늘의 첫 끼! 탱탱한 달걀말이로 위장을 예열해 주는데 딱 기본에 충실하고 간이 세지 않아 1차 입맛 저격을 당한다. 이어 입안 가득 불향이 채워지는 제육볶음에 2차 저격 탕! 이 집 제육볶음에는 특별한 비법이 있다. 매운맛을 위해 고추기름을 내고 각종 야채와 돼지고기 등 일반적인 것 같지만, 조미료가 아닌 진짜 불로 맛을 내는 것! 양념은 촉촉하게 불맛은 강렬하게! 이 정도 화력은 되어야 불맛이 제대로 나는 법이다!

달걀말이와 제육볶음만으로도 한국인 기본 입맛에 충실한 맛! 그렇다면 마지막 화룡점정, 김치찌개는 과연 어떨까? 고추장의 텁텁한

느낌 없이 깔끔하고 칼칼한 상상 이상의 맛이다! 보통 김치찌개라고 하면 고춧가루를 넣어 깔끔한 맛으로 요리하지만, 이곳은 고추장을 넣어 맛의 깊음을 더한다. 여기에 통돼지 한 마리가 다 들어가 두루치기처럼 찌개를 만들어 이름도 '통돼지 김치 두루찌개'! 규격돈 암퇘지 1등급만 취급하는 곳이기에, 겉보기와 다르게 부드럽고 연한 식감의 돼지고기를 맛볼 수 있다. 맛의 완성은 곧 최고급 식재료! 찌개 한 냄비에 담은 돼지 한 마리의 영양이 온몸에 채워진다.

여기에 빠질 수 없는 라면 사리 투하! 국물이 부족하면 시원한 김치 육수를 추가해 배불러도 놓칠 수 없는 라면 사리로 2차전을 시작한다. 2차전이지만 언제나 첫 끼처럼 맛있게 입안을 강타하는 라면 사리! 김치찌개 자체가 맛있으니 라면은 그저 거들 뿐이다.

본분에 충실한 달걀말이와 제육볶음. 부족함 없이 든든한 김치찌개. 여기서 밥을 남기면 그야말로 직무 유기! 마지막 한 순가락까지 싹싹 비워내니 오늘도 먹을 복 터졌다!

> 다섯 번째 맛집 소감
> **"이 3가지 메뉴가 '밥도둑 3인방'이에요!"**

**규격돈이란?**
출하 기준을 충족하여 결함이 없고, 보통 약 110kg~120kg의 중량을 가진 돼지고기

첫 번째 길바닥 서울 "중구"

# 우거지 선지해장국

📍 **대화정 진짜해장국**

| | |
|---|---|
| 주소 | 서울 중구 장충단로 249-20 1층 |
| 운영 시간 | 월~일 05:00~23:50 / 14:50~17:00 브레이크타임 |
| | 23:30 라스트오더 / 삼겹은 17시 이후 |
| 찾아 가기 | 동대문역사문화공원역 14번 출구에서 직진 후 |
| | 이마트24 편의점 옆 골목 끝 집 |

대한민국 해장국의 끝은 어디까지인가. 돼지국밥부터 선지해장국까지 그 종류만 해도 20가지가 넘어 취향껏 즐길 수 있는 해장국! 과연 먹브로가 선택한 곳은?! 바로 동대문 상인들의 쓰린 속을 달래주었던 역사와 전통의 해장국집 〈대화정 진짜해장국〉이다.

"동대문의 밤은 우리의 낮보다 바쁘다." 바쁜 일상 속 지친 맘을 달래주는 해장국 한 그릇을 내놓는, 맛집 골목 중에서도 '진짜' 해장국집! 출구 없는 막다른 골목을 지키는 해장국집에 자리를 잡아본다.

1981년부터 동대문 상인들을 위해 24시간 돌아가던 이 집은, 인공 감미료 사용 없이 엄선된 13가지 천연 양념만을 사용한다. 서울에서도 몇 안 되는 커다란 소 등뼈를 사용한 진한 사골 국물을 맛볼 수 있

고, 부드럽고 싱싱한 선지와 양지고기, 영동 산간 지역 가을볕에 말린 우거지를 즐길 수 있는 곳이다! 뼈가 있는 '특'과 뼈 없이 양지고기가 들어간 '보통' 단 2개뿐이라 더욱 신뢰가 생기는 해장국, 과연 그 맛은 어떨까?

<u>엄선된 소 등뼈로 우린 사골 국물의 진한 우거지 해장국!</u>

국물 한입에 뜨끈하게 채워지는 속. 멈출 수 없는 이끌림. 사골 베이스에서 소뼈 냄새가 나니 깊은맛이 더욱 강하다. 지금까지 해장국은 잊어라, 이 맛이 진짜다! 돼지 감자탕과 차원이 다른 맛. 한약재 같

은 맛도 나고 해장국에서 감칠맛이 느껴지다니. 거기에 달짝지근한 맛도 느껴져 절대 아저씨들만 먹는 음식으로 생각되지 않는다. 단맛의 근원은 바로 우거지에 있다. 천연 조미료 우거지가 감칠맛을 추가해 미리 양념장을 넣으면 그 맛이 없어진다. 양념 없이도 이미 완벽한 맛의 해장국. 이것이 바로 숫자로 비유할 수 없는 노포의 자부심이다. 해장국 한 그릇에 투실투실한 소 등뼈, 그리고 소고기까지 듬뿍! 크고 확실한 횡재는 손으로 뜯어야 제맛!

해장국 본연의 맛을 즐겼으니, 이제 양념을 추가해서 먹어볼까? 매운 걸 좋아하는 현무는 먼저 다진 고추를 한 움  큼 와르르! 매운 걸 잘 못 먹는 준빈은 싱싱한 대파를 쏘옥! 취향 따라 안성맞춤으로 즐겨도 본연의 맛을 해치지 않는 진국이다. 13가지 천연 양념으로 만든 다진 양념을 넣으면 또 어떤 맛일까? 빨갛게 물든 맑은 국물 그리고 또 다른 맛을 내는 국물 맛! 다른 해장국을 2번 먹는 느낌을 주는 마무리! 빨갛다고 매울 거라 생각하지 마라. 이것은 천연 감칠맛 증폭제! 강경 순정파도 넣지 않고는 배길 수 없는 감칠맛!

동대문 작은 골목에서 해장국 고수를 만난 느낌. 40년 넘도록 한결

같았던 장인 정신에 존경받아 마땅하다. 수없이 많고 수없이 변하는 서울에서 버티려면 '이 정도로 맛있어야 한다'라는 생각이 들게 하는 곳. 노포의 건승을 위하여, 짠!

> 여섯 번째 맛집 소감
> **"오래된 해장국집이 있다는 건 우리에겐 축복이야."**

**현무의 먹팁**

매운 걸 좋아하는 사람은, 청양고추를 '이래도 되나' 싶을 만큼, 또는 국물에 푸른 빛이 돌 정도로 넣는다.

첫 번째 길바닥 서울 "중랑구"

# 옛날 즉석 떡볶이

## 📍 옛날 할머니 분식

| | |
|---|---|
| 주소 | 서울 중랑구 중랑역로 14-1 1층 |
| 운영 시간 | 화~일 11:00~23:00 / 라스트오더 22:00 |
| | 매주 월요일 정기휴무 |
| 찾아 가기 | 중랑역 2번 출구에서 71m |

SNS에서만 보다가 꼭 와보고 싶었던 MZ호소인 현무의 추천 맛집. 어른들의 핫플레이스로도 소문이 자자한 서울 중랑구에 있는 추억의 노포 분식집 〈옛날 할머니 분식〉이다. 입구에서부터 포장된 떡볶이들을 보니 맛집 예감 뿜뿜! 그만큼 포장 판매량도 상당하다고 한다. 이미 입맛도 맛 평가도 솔직한 MZ들의 떡볶이 성지인 이곳은, 50년이 넘도록 한 자리를 지켜온 80세가 넘으신 주인 할머니의 따뜻함과 푸근함을 느낄 수 있다.

기찻길 아래 2평 남짓한 작은 노포 분식집. 4~50년이 넘는 오랜 세월 꾸려온 할머니의 소박한 공간이자 삶의 터전이다. 할아버지가 생전 직접 개발하신 떡볶이 육수가 바로 이곳 떡볶이의 비결이라는데? 대파를 볕에 말려 수분을 날리면 올라오는 단맛이 바로 포인트다. 그리고 여든이 넘은 나이에도 직접 고추장을 담그는 사장님! 늙은 호박 안에 넣고 찐 고춧가루로 만든 떡볶이 양념이 제일 특별한 할머니만의 비법이다. 이 양념이 말랑한 판 밀떡에 배이면 감칠맛이 두 배! 역

시 할머니 손이 맛 손이다! 국물 맛이 잘 배는 밀떡과 어묵, 쫄면, 라면, 튀김만두 기본 5가지가 기본! 여기에 사이드로 꼬마김밥과 삶은 달걀 주문이요~

　단골에겐 익숙하고 MZ에겐 새로운 오랜 시간 사랑받은 할머니의 즉석 떡볶이! 언뜻 보기엔 평범하지만 역시 비법 고추장소스의 격이 다르다. 떡볶이 끓는 소리는 추억을 부르는 시그널이 되고 검붉은 국물은 예사롭지 않은 자태를 보여준다.

　즉석 떡볶이에서 느껴지는 시골 장맛! 먹어본 적 없는 고추장 맛에 젊은이들의 입맛에 달짝지근함까지. 쫄면부터 밀떡 등 모든 재료에 장맛이 깊게 배어 먹자마자 황홀경이 밀려온다. 장맛에 한 번, 밀떡 식감에 또 한 번 미각을 얻어맞는 기분! 하지만 그래도 입안은 행복하다. 떡볶이의 짝꿍 튀김만두는 당면으로 채워진 옛날 튀김만두 그 자체! 여기에 분식 계의 작은 거인 꼬마김밥을 장국에 딱 찍어 먹으면~ 김밥에 발라진 고소한 참기름과 매콤한 떡볶이 양념 조합이 완벽함을 이룬다!

"부산의 김말이 튀김에는 김밥이 들어가 있어요." 서울과 부산의 김말이 튀김 차이 팁을 알려주는 준빈! 흔히 당면을 김으로 싸서 튀긴 것으로 알려진 '김말이'. 하지만 부산에는 '김밥 튀김'이 있다. 그래서 부산 사람들은 김밥 튀김을 먹는데, 이곳의 맛이 딱 부산 사람들이 좋아할 맛이라고!

떡볶이가 끓는 소리와 지나가는 지하철 소리가 합쳐지니 운치까지 배가 되는 '옛날 할머니 분식'. 지하철 아래 도시 냄새가 지워지는 곳.

화려함에 감춰진 서울의 다른 매력을 느낄 수 있는 곳이다. 도심 한복판에서 누리는 한적한 낭만. 이것이 무계획이 선사한 낭만이다! 여러분도 서울에서 맛보는 진또배기 떡볶이로 좋은 추억 하나 쌓고 가세요!

> **일곱 번째 맛집 소감**
> **"이 집은 나만 알고 싶다, 진짜"**

**판 밀떡이란?**
- 판에 넓게 펼친 밀떡을 하나하나 잘라서 손으로 뜯어서 조리한다.
- 특유의 쫄깃함이 있어 퍼질 듯 퍼지지 않는 보드랍고 말랑한 식감이 매력적이다.

첫 번째 길바닥 서울 "종로구"

# 야채빵 × 살구 박카스

## 📍 종로 신진시장

| | |
|---|---|
| 주소 | 서울 종로구 종로 236-3 |
| 운영 시간 | 가게마다 상이 |
| 찾아 가기 | 종로5가역 5번 출구에서 248m |

시장 상인들의 안식처 '종로 신진시장'. 1952년에 생긴 우리나라 전성기를 먹여 살린 역사와 전통을 지닌 재래시장이다. 가성비 좋은 등산용품 쇼핑 핫플이자 30여 년 동안 자리를 지켜온 '닭 한 마리 골목'으로도 유명하다. 그만큼 오랜 시간 시장 상인들의 배를 채워주고, 주머니가 가벼워도 배불리 먹을 수 있었던 곳! 신진시장은 수십 년간 그 자리를 굳건히 지키고 있다. 특이하게 길게 늘어선 포장마차와 갖가지 먹거리 중 숨은 보석을 찾아라!

　시장 초입부터 후각을 자극하는 맛있는 냄새들 사이로 먹브로의 발길을 멈추게 한 곳은, 추억 속 크로켓 야채빵 가게! 각종 채소로 만든 샐러드를 크로켓 빵 안에 가득 넣어 맛이 없을 수 없는 최고의 조합! 여기에 케첩과 머스터드 소스를 듬뿍 뿌려주면 완성이다. 나이 드신 분들에게는 옛날 추억의 음식으로, 젊은 세대는 익숙하지 않은 비주얼과 맛에 먹는 대중적인 음식으로 자리 잡았다. 갓 튀겨낸 뜨끈뜨끈한 야채빵은 양 볼에 빵 부스러기를 묻혀가며 먹는 게 제맛이다. 어릴 때 포일에 싼 옛날 햄버거 맛을 간직해 추억을 불러일으킨다. 크로켓은 바삭, 양배추샐러드는 아삭!

　야채빵을 먹으며 시장을 거닐던 현무에게 들려오는 상인들의 '실물이 훨씬 더 나아요~' 한마디! 프리패스 선언과 함께 음료집 앞에 멈춰 선다. 아이스커피부터 각종 주스 등을 판매하는 이곳에서 현무의 선택은 바로 일명 '살박', 살구 박카스! 그런데 MZ대장 준빈이 '살박'

을 모른다고?! 진한 살구 농축액에 에너지 음료(박카스)와 시원한 얼음을 동동 띄워 마시는 지친 상인들의 피로회복제이자 동대문의 명물이다! 한 모금 쭉 들이켜자 "바로 이거야!"를 외치게 하는 살박!

정신이 번쩍 들게 하는 살박과 달콤 시원하게 에너지 충전해 주는 '얼박사(얼음 박카스 사이다)'까지 들이킬 때, 제작진에게 온 현무 지인의 연락! "우리들의 맛집이 있는데 먹브로와 같이 가고 싶어요!" 누군가 당신을 원하고 있다. 그들이 식당을 소개해 주고 싶어 식당에서 기다리고 있다는데…? 그들이 보낸 힌트는?

### 추천인 A 씨

맵부심 있는 자여, 여기로 오라. 봄이 오면 꼭 먹어야 하는 제철 해산물! 지금 와서 먹어야 제대로 즐길 수 있는 알이 꽉 찬 국내산 '주꾸미'.

매일 아침 직접 손질한 국내산 주꾸미에 버무린 매콤한 비법 양념!

"매워서 드실 수 있을는지…."

추천인 B 씨

이제 곧 갈 수 없을지도 모를 리미티드 맛집. 100년 역사의 한옥에서 맛보는 제철 나물 밥상. 한 상에 나오는 반찬과 제철 나물이 무려 20가지. '가마솥 밥에 참나무 향 숯불고기'! "저랑 한 쌈 하실래요?"

입맛과 취향은 달라도 고민은 같은 현무와 준빈! 과연 먹브로의 선택은?!

여덟 번째 맛집 소감
**"쩍 벌어진 빵에 가득 채워지는 추억의 맛!"**

첫 번째 길바닥 서울 "중구"

# 제철 주꾸미 돌판 볶음

## 📍 유림옥

| | |
|---|---|
| **주소** | 서울 중구 다산로 255 2층 |
| **운영 시간** | 월~토 10:00~22:00 / 매주 일요일 정기휴무 |
| **찾아 가기** | 신당역 9번 출구에서 57m |

추천인 A 씨를 찾아간 먹브로! 추천인은 바로 런웨이부터 방송까지 섭렵한 방송인 '송해나'다. 매운 걸 좋아하는 그녀가 추천한 주꾸미 맛집 〈유림옥〉은 국내산 제철 주꾸미만을 사용하는 찐 맛집이다. 제철 주꾸미와 제철 나물 한정식 중 고민하던 현무가 송해나와 함께 매콤함을 선택했다.

아저씨들의 힙플레이스 같은 동네 찐 맛집이자 이 동네 주민들한테 매운 주꾸미로 유명한 이곳은, 신당동에서 30년 이상 된 전통 주꾸미 전문점으로 매일 아침 국내산 서해안 생주꾸미를 직접 손질해 사용한다. 3~4월이면 알이 꽉 찬 봄 주꾸미 잡기 딱 좋은 때! 매일 새벽 서해 앞 바다에서 도르래를 건져 올리면 줄줄이 딸려 오는 소라 껍데기 속에 산란을 기다리는 주꾸미들을 만날 수 있다. 4시간가량의 조업의 결과로 건져 올려진 싱싱한 제철 생주꾸미는 봄날의 나른함을 씻어준다. 그리고 여기에 맛을 좌우하는 양념은 기침이 나올 정도로 매콤한 전남 진도산 고춧가루로 만든 비법 양념장이 특징이다. 사장

님 주꾸미 돌판 볶음 아주 맵게 부탁드려요~

돌판 위에서 지글지글 맛있게 익어가는 주꾸미! 맵싸한 양념 냄새가 코끝을 간질간질하게 만든다. 서해안 산지 직송 제철 주꾸미 돌판 볶음, 어디 맛있게 즐겨볼까? 매우 뜨거우니 호호 불어서 한입 쏙 해주면, 달콤한 첫맛에 방심했다가 뒤통수를 후려치는 강렬한 매운맛에 화들짝! 고춧가루의 맛있게 매운맛이 근본 교과서다. 서쪽 바다의 주꾸미와 남쪽 고춧가루의 맛있는 만남! 자꾸만 들어가는 매콤한 주꾸미를 상추에 싸 먹으면 무한정 들어가 콧노래와 박수가 절로 나온다. 현무가 만족하니 추천한 해나도 웃음꽃이 핀다. 함께 나오는 갓 지은 따끈한 돌솥밥은 매운맛의 명예 소방관! 하얀 쌀밥에 빨간 주꾸미는 명불허전 인정할 수밖에 없는 조합이지 않을까? 집 나간 입맛, 주꾸미가 찾아드립니다!

맵부심으로 똘똘 뭉친 두 사람, 남은 양념에 볶음밥을 안 먹는 건 반칙이다~ 콩나물과 주꾸미, 밥, 참기름만 넣어도 맛깔나게 변하는

양념의 변주! 밥알 하나하나를 감싸는 매콤달콤한 기름 코팅과 고춧가루의 매콤함은 그대로, 여기에 참기름의 고소함이 더해져 풍미가 더 좋다.

> 아홉 번째 맛집 소감
> "이 집의 킥은 고춧가루야, 매콤함이 혀의 끝부분을 탁 쏘네!"

### 주꾸미

- 제철 3~4월에는 주꾸미 축제가 열릴 정도로 쫄깃한 식감과 감칠맛이 배가 된다.
- 알이 꽉 차 있어서 고소하면서 부드러운 맛에 봄철 입맛 돋우는데도 제격이다.

- 소라 껍데기를 이용해 주꾸미를 잡는 전통 방식인 '소라방 잡이'로 주꾸미를 낚는다. 알이 꽉 찬 암컷을 잡을 확률이 높다.

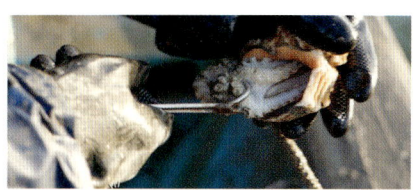

- 수컷은 검은 내장이 비치고, 암컷은 알이 차서 하얗다.

(검은 내장이 비치는 수컷)   (알이 차서 하얀 암컷)

- 피로 해소에 좋은 '타우린'이 풍부하다.
- 살짝 데쳐서 초고추장 양념과 함께 먹거나 볶아서 먹는다.

## 두 번째 길바닥

# 경기도&인천광역시

[경기도]

광주시

안산시

[인천광역시]

연수구

중구

미추홀구

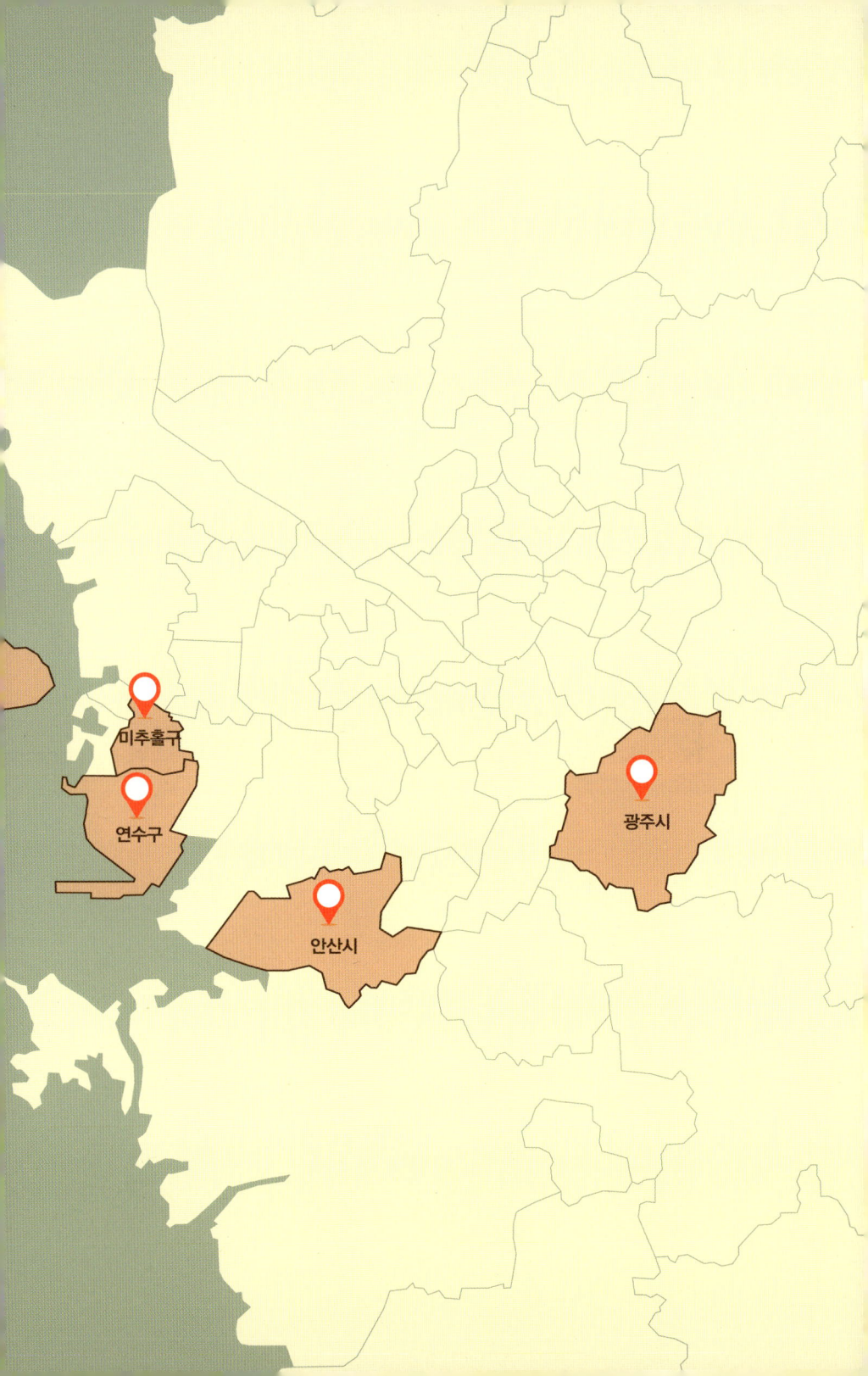

두 번째 길바닥 경기도 "광주시"

# 제철 나물 한정식

## 📍 마방집

| | |
|---|---|
| 주소 | 경기 광주시 남한산성면 엄미길 93-4 |
| 운영 시간 | 매일 11:00~21:00 / 15:30~16:30 브레이크타임 |
| | 20:00 라스트오더 / 매달 2번째 월요일 정기휴무 |
| 찾아 가기 | 하남시청역 차로 3분, 도보 약 30분 |

현무가 해나와 맵부심으로 똘똘 뭉친 사이, 준빈이 선택한 제철 나물 한정식집에는 과연 누가 있을까?! 추천인 B 씨는 바로, 준빈의 최애 시크릿 출신의 가수 겸 배우 '전효성'이다. 웃음꽃이 만발한 준빈! 고즈넉한 한옥에 한 번, 전효성에 또 한 번 반한다. 효성이 추천한 이곳은 100년의 역사와 맛을 대대로 이어가는 한정식 전문점 〈마방집〉이다. 가마솥에 짓는 밥과 참나무 숯불에 굽는 숯불고기 그리고 직접 담근 장을 사용해 변하지 않는 전통의 맛을 자랑한다. 나물도 종류마다 조리 방법과 양념을 다르게 해 나물 본연의 맛과 식감을 제철마다 느낄 수 있으며, 입맛 따라 취향대로 제철 나물을 듬뿍 넣어 비빔밥을 만들어 먹을 수 있다.

채식을 지향하거나 채식 위주의 건강식을 좋아하는 사람들이 많이 찾는 이곳. 다양한 나물들을 경험할 수 있어 미식가들 사이에서도 유명하다. 고즈넉한 한옥에서 맛보는 제철 나물 밥상! 제철 나물 밥상에 흘러넘치는 생동감. 여기에 부드럽고 달짝지근한 소 장작 불고기

와 매콤한 불향이 매력적인 돼지 장작 불고기, 봄 바다 향을 머금은 보김치, 쫄깃한 식감의 더덕구이, 구수한 된장찌개 등 상다리가 휘어질 것만 같은 첫인상! 뭐부터 먹어야 할지 행복한 고민이 펼쳐진다.

  첫입은 효성의 픽, 더덕구이! 아삭아삭 입맛을 확 당기는 더덕구이에서 숯불 향이 느껴져 입안을 예열해 준다. 이어서 한 상 가득한 나물들을 맛보면, 정성스럽게 직접 담근 장으로 요리해 살아나는 봄나물의 풍미! 들기름과 조선간장으로 중심을 잡는 볶은 나물과 참기름과 소금으로 간하는 데친 나물을 맛있게 버무리면 형형색색의 나물들이 차려지는 것이다. 자꾸만 웃음이 나는 마법 같은 봄나물 한 상이 따로 없다.

 봄 내음 가득한 나물들을 취향에 따라 가마솥으로 지은 밥에 넣고, 된장찌개 두 숟가락을 넣고 직접 담근 고운 빛깔의 고추장까지 넣어 쓱쓱 싹싹 비벼주면? 봄나물에 실려 온 자연의 향기가 입안 가득~ 어릴 때는 몰랐던 한식의 매력을 오늘 더 잘 느끼게 되는 것 같다.

 그때 눈에 들어오는 보자기처럼 쌓인 김치! 바로 배춧잎을 보자기처럼 싼 김치인 '보김치'로 개성 지방에서 특히 유명한 김치다. 잘 익어 시원하고 깊은맛이 자극 없이 기품 있게 맛있다. 한정식의 마무리는 역시 뜨끈하고 구수한 숭늉! 속을 편안하게 해주는 숭늉이 고소하고 순수한 느낌이 역시 가마솥 누룽지의 매력은 남다르다.

그런데 이곳에 다시 올 수 없다고 말한 이유는 무엇일까? 도시 재개발로 인해 이제는 만날 수 없는 백년 가옥. 새로운 건물에서 그 맛은 이어지지만, 단골들은 머지않은 이별이 아쉬워 더욱 자주 찾는다고 한다. 그 때문에 최선을 다해 음식 맛을 즐기는 것이 이곳에 대한 예의 아닐까.

> 첫 번째 맛집 소감
> **"어릴 땐 왜 이 맛을 몰랐을까요?"**

### 마방집 역사

- '마방'은 마구간을 갖춘 주막집을 뜻하며, 옛 한양의 길목을 드나들던 사람과 말이 쉬어가던 곳이다.
- 1918년 터를 잡고 시작해, 마부들이 말을 맡겨두고 쉬어가던 곳에서 대를 이어가는 한정식 맛집으로 자리 잡았다.
- 100년째 3대로 가업을 이어서 운영 중이다.
- 가마솥으로 밥 짓기, 가마솥 아궁이에 나온 참나무 장작불로 고기 굽기, 직접 담근 장으로 요리하기! 세 가지 원칙은 대대로 이어져 오는 전통의 맛집!

### 마방집의 나물 반찬

- 매일 가락시장에서 제철 나물을 구입해서 만들어 낸 나물 반찬 포함 19종류의 반찬이 나온다.
- 나물 종류마다 맛과 식감이 다르기 때문에 조리 방법과 양념을 다르게 한다.
- 나물의 간은 간장, 고추장, 들기름을 사용한다. '볶은 나물'은 들기름과 조선간장으로, '데친 나물'은 참기름과 소금으로, '쓴 나물과 염장 나물'은 고추장 또는 된장으로 양념하고 간을 맞춘다.

### 나물 종류와 보김치

- **방풍**
풍을 예방한다고 하여 지어진 이름으로, 주로 약재로 사용되고 요리 식재료도 인기가 있다. 황사와 미세먼지를 씻어내고 중금속을 해독, 비염이나 천식 같은 호흡기 질환에도 좋다.
- **참나물**
잎은 어긋나고 톱니가 있는 달걀 모양의 풀로, 섬유질이 많아 변비에 좋다.
- **봄동**
봄을 가장 먼저 알리는 채소. 아삭한 식감으로 겉절이와 나물무침으로 요리한다. 비타민과 항산화 물질이 풍부해 노화 방지에 좋다.
- **취나물**
알싸한 특유의 향과 맛으로 식욕을 돋우는 봄 채소로, 골다공증을 예방하는 칼슘이 많이 들어있으며, 된장, 간장, 고추장으로 무치거나 볶음 등의 요리로 먹을 수 있다.
- **유채나물**
유채꽃이 피기 전인 3~4월에 먹어야 맛있다. 씹을수록 달콤 쌉싸름한 맛이 특징이며, 유채의 잎을 따서 나물로 무쳐 먹거나 김치로도 담가 먹는다.
- **보김치**
배춧잎을 보자기처럼 소를 싼 김치로 개성 지방이 특히 유명하며, 김칫소는 낙지, 굴, 호박씨, 은행, 잣, 대추 등이 들어간다.

두 번째 길바닥 경기도 "안산시"

# 한우 모둠 한 상

📍 **사랑방**

| | |
|---|---|
| **주소** | 경기 안산시 단원구 너비울길 173 |
| **운영 시간** | 매일 11:30~22:00 |
| **찾아 가기** | 안산역에서 차로 약 20분 |

경기도 안산시에 최상급 품질의 1++ 한우 맛집이 있다?! 고기마니아 전 농구선수 현주엽의 찐 맛집! 먹보스 현주엽과 KBO 해설위원 김태균과 함께 귀한 고기를 맛볼 시간! 경기도 안산 시내와 동떨어진 곳에 있지만, 이 집을 사랑하는 분들만 오시라는 뜻으로 가게 이름을 지었다. 자연 속 120년 된 전통 가옥에서 최고급 한우의 맛을 즐길 수 있어 한입 먹는 순간 바로 재방문 예약이 끊이지 않아, 아는 사람은 다 알고 가는 곳이다.

한우라고 다 같은 한우가 아니다! 전국 각지에서 품질 좋은 1++(No.9)한우는 다 모이는 바로 이곳! 2020년, 22년, 23년 한우 능력 평가대회에서 '전국한우협회장상'을 수상이 그 명성을 말해준다.

한마디로 가장 맛있는 한우의 집결지! 게다가 가게 옆 텃밭에서 직접 재배한 싱싱한 재료로 만든 10가지가 넘는 곁들임 반찬까지 즐길 수 있다니, 여기 오길 잘했네!

오늘의 소는 충북 음성 한우! 최고급 한우를 모두 맛보기 위해 살치살, 안창살, 꽃갈비살, 차돌박이까지 모둠으로 주문이요! 주문하기 무섭게 깔리는 텃밭에서 직접 기른 밑반찬! 3년 된 묵은지와 5년 된 갓김치에 갓 담근 파김치와 숙성 파김치까지 함께 내어지니 냄새만 맡아도 정신이 혼미해진다. 여기에 봄철 한정 반찬인 냉이 달래 무침부터 끊임없이 나오는 밑반찬 행렬에 눈이 휘둥그레진다.

　최고급 한우를 보좌할 최상의 곁들임 반찬의 화려한 라인업! 싱그러운 봄 내음부터 한 입하며 입안에 봄을 머금는다. 밑반찬 하나하나에 외마디 비명처럼 터지는 감탄사. 상 위 모든 반찬이 싱싱한 자연 그대로의 맛을 품고 있어 입맛 돋우며 위장 예열 완료!

　제일 먼저 등장한 고기 요리는 바로 소의 엉덩이 안쪽 부위인 우둔살로 만든 '육회'다. 그때그때 우둔살, 앞다리, 설깃, 설도 등 사용하는

부위가 다른 사랑방의 육회. 특히 이곳의 장점은 고기 자체가 신선하고 좋아서 노른자를 올리지 않는다는 점! 오직 고기 맛으로 승부하는 집의 자부심이다. 드디어 처음 맛보는 1++(No.9) 육회의 맛은?!

이제야 진짜 육회의 맛을 알아버린 듯 웃음이 터져 나온다. 차원이 다른 신선함! 처음 먹으면 생고기 썰어놓은 걸 먹나 했지만, 씹다 보면 단짠단짠 양념이 살짝 스쳤다가 은은하게 퍼지는 마늘 향이 올라온다. 그렇다고 양념이 센 것이 아니라 고기의 육향도 제대로 느낄 수 있다.

뒤이어 등장하는 대망의 한우 모둠! 보기만 해도 입맛 돋는 고운 빛깔의 한우! 사장님의 설명에 집중하는 먹브로…. "이렇게 집중되는

설명은 처음이야!" 보기만 해도 행복해지는 조선팔도 최고의 한우 모둠. 뭐부터 먹어야 할까? 이제부터 먹보스 현주엽의 코스대로 따라 즐겨보자! 먼저 스피드가 생명이 차돌박이부터 한입 먹어보자! 얇디얇은 차돌박이 한 점에 절로 흘러나오는 기쁨의 콧노래. 소금 묻힐 필요 없이 고기 자체로 충분한 맛! 굳이 양념한다면 10년 동안 간수를 뺀 소금에 아주 살짝만 콕 찍어 먹으면 또 다른 풍미를 느낄 수 있다. 쫄깃한 식감과 촉촉한 육즙의 하모니를 느끼니 점점 커지는 고기에 대한 호기심 발동!

고기는 끊기면 안 된다. 바로 이어서 두 번째 고기, 소 한 마리에서 2~3%밖에 얻을 수 없는 최고급 부위 '안심' 출격! 안심을 잘 굽기 위해서는 고기에 기름칠을 해 육즙을 가두고, 고기 옆면으로 익은 정도를 확인하며 구워야 제맛이다. 굽기 정도는 미디엄레어가 제격! 두툼한 매력의 안심 한 점하면, 박수가 절로 나온다. 꽉 막아둔 육즙이 씹

고기 옆면이 소옥~ 하고 익은 것을 확인하며 구워주세요~

을수록 폭발한다. 안심의 부드러운 육즙을 느끼려면 가위질은 최소화 하기!

세 번째 만나볼 부위는 감칠맛이 일품인 '꽃등심'! 꽃등심에는 숨겨진 보석 같은 특수 부위 '새우살'이 붙어 있다. 등심의 일부분으로 등이 굽은 새우와 비슷한 모양이라 새우살이라 이름 붙여졌다. 이 부위는 극소량만 나오는 귀한 부위다. 꽃등심을 맛있게 즐기고 싶다면, 새우살을 분리해 구워 새우살을 먼저 먹는다. 눈으로 한번 즐겁고 혀로 두 번 즐거운 새우살! 짧고 굵게 강렬한 인상을 느낄 수 있는 부위다. 그리고 새우살 아래 있던 '알등심'도 큼직하게 잘라 먹으면 꽃등심 한 부위에서 2개의 맛을 느낄 수 있다! 먹보스 현주엽의 한우 강의에 제

특수 부위 '새우살'과 마블링 꽃을 자랑하는 '살치살'

대로 배우는 준빈. 알등심의 참맛에 눈가가 촉촉해진 것 기분 탓일까? 아직 귀하고 맛있는 한우 강의는 끝나지 않았다!

다음 먹어볼 부위는? 봄꽃이 흐드러지게 피듯 선홍빛 고기 위 피어난 마블링 꽃을 자랑하는 '살치살'! 살치살은 소고기의 여러 부위 중 가장 부드러운 부위이기도 하다. 연한 살코기의 식감과 마블링의 고소한 맛이 일품이다.

여기서 궁금증이 생긴 준빈이 전 프로야구선수 김태균에게 물었다. "먹성 좋은 야구 선수들은 회식하면 한우, 가능한가요?" 김태균의 경우 시즌 시작 전 사장님이 회식을 시켜주는데, 회식비만 무려 2,500만 원?! "2,500만 원이면 제 초봉이거든요." 놀라움을 금치 못하는 준빈. 그 놀라움을 다음 부위로 환기해 볼까?

갈비 중앙에 있는 부위로 마블링 함유율이 높고 근육이 두툼해 육즙이 풍부하고 육향이 진한 '꽃갈비'로 달려 보자! 한마디로 소의 풍미 집약 부위! 이것이 우리가 갈비를 사랑하는 이유 아닐까? 잘 구워진 꽃갈비 한 점을 먹으면 감칠맛과 풍미에 무한 감동이 밀려온

다. "꽃갈비 1등! 칼집, 고소함, 육향, 육즙 1등!"을 외치는 현무와 고.알.못 준빈도 고.잘.알 태균도 흡족함에 고개가 끄덕여진다.

여기서 멈출 수 없다. 마지막 주자, 진한 선홍색의 특수 부위 '안창살' 공격 들어간다. 단단하고 결이 굵어 특유의 농후한 풍미를 자랑한다. 풍부한 육즙은 기본, 치밀하고 진한 맛의 안창살! 피날레답게 등심과 꽃갈비의 장점만 모은 것 같다. 구우면 더 쫄깃해지는 재미있는 식감, 두 배로 맛있는 안창살 더블버거로 고기 건배!

한우 풍미에 흠뻑 빠진 사이 한우 10인분 전량 소진! 아쉬울 땐 육회를 추가해 '육회 두 배 비빔밥'과 된장 술밥으로 후식을 즐겨주면 된다. 먼저 두 배로 들어간 육회는 국자로 슥슥 비벼주면, 맛은 더 다

고기 포식 후 빠질 수 없는 후식 원투 펀치!

채롭고 식감은 더 부드럽게 맛볼 수 있다.

  다음 후식 2탄은 된장찌개에 미리 빼뒀던 등심덧살과 갈빗대를 넣고 끓이는 된장 술밥 차례! 인내심을 요구하는 고자극 비주얼에 부른 배에 빈자리가 있는 기분이 든다. 죽처럼 걸쭉해졌을 때가 딱 알맞은 상태! 모락모락 뜨거운 김과 함께 올라오는 직접 담근 된장의 구수함. 한층 더 풍부해진 맛에 절로 나오는 탄식. 느끼해질 겨를 없이 깊은맛의 된장이 깔끔하게 마무리해 준다.

  공들여 만드는 밑반찬과 한우의 기품이 보여준 알찬 한 끼. 왠지 기운 없고 허기지는 날 고생한 나에게 주고 싶은 선물 같은 곳. 좋은 식재료는 그 자체로 요리다.

---

**두 번째 맛집 소감**
**"이게 진짜 소고기구나! 부위마다 맛을 새롭게 느낄 수 있어."**

## 소고기 등급, 어디까지 알고 있니?

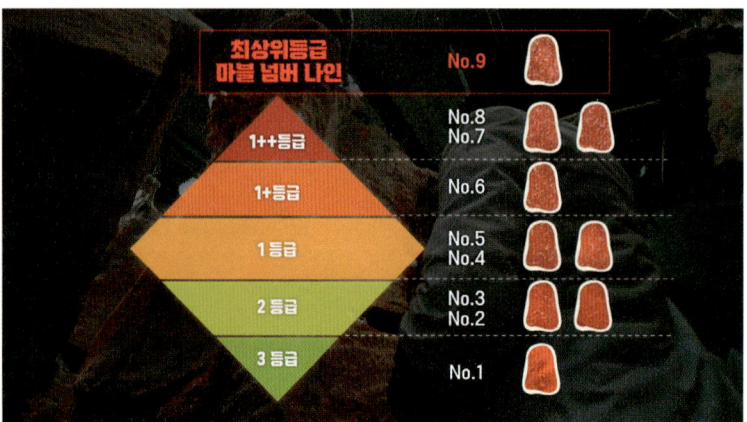

- 육질에 따른 분류 판정 항목

  근내지방도, 육색, 지방색, 조직감, 성숙도

- 육량에 따른 분류 판정 항목

  - 도체중량, 등지방두께, 등심단면적

  - 고기량이 많을수록 A등급, 보통은 B등급, 적으면 C등급으로 분류된다.

- 등급별 특징

  - 마블링이 풍부하고 부드러운 식감으로 스테이크나 생고기로 적합하면 '1++등급'.

  - 고소한 풍미와 육즙이 풍부하면 구이용으로 추천하는 '1+등급'.

  - 마블링이 적어 씹는 맛이 강하며, 주로 국거리나 불고기로 활용되는 '2등급 이하'.

### 한우 부위별 특징

- **등심**
  육색이 좋고 지방질이 고소하며 자체가 갖고 있는 풍미 때문에 많은 이가 찾는 부위로, 마블링의 조화가 좋아 구이로 즐기기 가장 좋다.

- **안심**
  가장 부드럽고 연하며, 지방이 적어 담백한 맛이 특징!

- **부채살**
  마블링과 가는 힘줄이 같이 있어 쫄깃한 식감과 고소함이 특징이며, 뼈를 구성하는 성분인 '인' 함량이 높아 골격 형성에 도움, 다이어트에 효과적이다.

- **살치살**
  눈꽃이 내린 듯 촘촘한 마블링이 특징이며, '살살 녹는다'라는 표현이 잘 어울리는 부드러운 식감과 감칠맛!

- **꽃갈비살**
  육질이 부드러우면서도 쫄깃하고, 감칠맛과 진한 풍미가 특징이며, 보통 6, 7, 8번 갈비 중에서도 두꺼운 두께감이 있는 부분을 말한다.

- **차돌박이**
  꼬들꼬들한 식감과 특유의 기름 향이 느껴지는 부위다. 살짝 구워 바로 먹어야 고소함과 진한 육즙을 제대로 느낄 수 있다.

- **업진살**
  삼겹살처럼 고기와 지방이 층을 이루고 있어 육즙이 뛰어나다.

- **안창살**
  두꺼운 횡경막 부위로 내장을 붙들고 있는 근육 부위다. 소 한 마리에서 1.2kg만 나오는 매우 희소한 부위로 부르는 게 값이다. 특유의 농후한 풍미가 뛰어나다.

## 암소 vs. 수소 vs. 거세우

- **암소**
  - 육질이 부드럽고, 풍미가 훨씬 강하다.
  - 새끼를 2마리 이하로 낳은 암소가 가장 맛이 좋다.
  - 60개월령 정도에 가장 맛이 좋다는 연구 결과가 있다.
- **수소**
  - 성별의 특성상 근육 발달량이 많아 암소보다 육질이 덜 부드러운 편이다.
- **거세우**
  - 상업적으로 암소와 수소를 균일하게 좋은 맛을 내기 위해 수소를 거세해 만든 것이다.
  - 암소에 비해 육질이 덜 부드럽지만, 마블링이 균일한 편이다.

두 번째 길바닥 인천광역시 "연수구"

# 제주식 집밥 한 상

## 📍 소소담

| | |
|---|---|
| 주소 | 인천 연수구 컨벤시아대로 70 상가 302동, 104호 |
| 운영 시간 | 수~월 10:00~21:00 / 15:00~17:00 브레이크타임<br>14:00, 20:00 라스트오더 / 매주 화요일 정기휴무 |
| 찾아 가기 | 송도힐스테이트 3단지와 4단지 사이 골목 상가 |

일요일 오전, 인천 연안부두에 도착한 먹브로! 대한민국 관문 도시이자, 서해안 제1의 항구도시에서 국제도시로 발돋움하는 인천은, 개항으로 인한 교역의 중심지가 되어 다양한 문화가 공존하는 만큼 맛 또한 다채롭다. 제철 맞은 인천의 맛을 찾아 오늘도 길바닥을 나선다! 때론 이국적이고 때론 구수한 인천만의 컬러풀한 맛의 향연! 현무의 지인 송도 주민, 배우 '김광규'와 만나 주민 맛집부터 탐방해 보자!

동네에 맛있는 집이 많지만 그중 광규의 입맛 저격하는 집 앞 30초 거리의 말 그대로 '집 앞' 식당이자 광규가 자주 방문하는 찐 단골 맛집인 〈소소담〉! 제주도 출신 사장님이 홀로 운영하는 작은 동네 식당으로, 엄마가 해주신 집밥이 먹고 싶을 때 생각나는 묵은지 요리 맛집이다. 이미 제주식 백반으로 입소문이 난 곳으로, 사장님이 정성스럽게 직접 만들어 매일 바뀌는 6가지의 밑반찬도 맛볼 수 있다. 한국인이라면 맛이 없을 수 없는 묵은지 고등어조림, 묵은지 삼겹찌개와 빈 속을 차분하게 채워줄 보말죽을 맛보자! 과연 인천에서 맛보는 제주

의 맛은?

정성 넘치는 푸근한 제주식 집밥 한 상. 인천에서 맛보는 제주도의 풍미. 입에 쫙쫙 붙는 보말죽은 진실의 미간이 그 맛을 짐작케 한다. 조식으로 보말죽이라니 여기는 인천인가? 제주도인가? 제주에서 직접 공수해 오는 바다 향이 짙게 밴 바다의 선물 보말. 여기에 고소함을 살리는 참기름을 넣고 걸쭉해질 때까지 충분히 끓여주면, 제주에서 먹던 그대로의 맛을 느낄 수 있다.

보말죽으로 빈속을 달랬으니 이제 묵은지 듀오를 먹어보자. 삼겹살이 듬뿍 들어간 김치찌개와 묵은지로 칼칼하게 맛을 낸 고등어조림! 김치찌개는 엄마가 해주던 밥도둑 그 자체! 소박한 듯하면서도 꽉 차

게 든든한 맛이 집밥의 정석이 따로 없다. 두툼한 고등어 살을 하나 집어서 후후 불어 한 입하면 김칫국물이 스며 폭신폭신한 생선 살! 한 입만 먹어도 느낌이 온다. 입맛을 돋우는 완벽한 염도. 고등어와 묵은지의 환상적인 만남. 묵은지를 곁들여 특유의 맛이 더 살아난 묵은지 고등어조림이 일품이다.

여기에 모두가 감탄사를 연발하게 만든 것이 있었으니, 그 정체는 바로 옥돔구이! 젓가락만 대봐도 느껴지는 옥돔의 쫀득한 식감. 제주 백반의 화룡점정 '옥돔구이'! 구우면 더 맛있는 반건조 옥돔을 겉바속촉, 앞뒤로 노릇노릇하게 구워내는 것이 바로 맛의 비결이다. 정말 만족스러운 인천에서의 첫 끼 식사 완료!

**세 번째 맛집 소감**
**"집 근처에 이런 백반집이 있는 건 축복이지."**

### '최초' 타이틀 다수 보유 도시, 인천광역시

- 인천은 개방성 문화가 강해 특징적인 향토 음식은 적지만, 인천항 개항으로 서구 문물이 대거 유입되면서 '최초'의 역사가 많이 만들어진 도시다.
- 청나라 음식을 한국식으로 재해석한 자장면, 쫄면과 닭강정, 사이다의 첫 국내 생산지도 모두 인천이다.
- 바다와 근접해 있어 해산물도 풍부하다.

두 번째 길바닥 인천광역시 "중구"

# 한우 등심 × 양념 양구이 × 굴밥

📍 **가조**

| | |
|---|---|
| **주소** | 인천 중구 신포로46번길 25 |
| **운영 시간** | 화~일 10:00~22:30 / 매주 월요일 정기휴무 |
| **찾아 가기** | 인천역 2번 출구에서 539m |

광규와 아침 식사를 마친 먹브로는 다음 게스트를 만나러 향한다. 인천에서 초중고를 졸업한 걸 그룹 출신 배우 '유이'가 먹브로를 기다리고 있다. 인천의 딸 유이가 추천하는 50년 역사의 인천 노포 맛집 〈가조〉! 하루하루 뜯어서 쓰는 일력과 클래식한 원목 식탁과 의자, 반질반질 윤이 나는 마룻바닥 등 세월의 흔적을 고스란히 간직한 어린 시절 향수를 불러일으키는 낯익은 인테리어가 마치 시간이 멈춘 듯한 느낌을 준다.

이 집은 1975년부터 영업을 시작해 50년 세월 동안 자리를 지켜온 곳으로, 질 좋은 한우 등심에 마늘과 파채를 함께 구워 먹는 곳이다. 또한, 마늘 양념에 푹 재운 부드러우면서도 식감이 살아 있는 양구이

고소함에
고소함을 더하다

도 함께 맛볼 수 있다. 특히 이곳에는 굴을 넣어 볶아주는 '굴 볶음밥'이 필수라는데…! 20년 노하우로 선별한 1++한우 등심과 양구이, 굴 볶음밥까지 맛있게 즐겨 보자!

 균일하고 촘촘한 마블링을 보아하니 육질의 클래스가 다름이 느껴지는 등심! 더 이상 구할 수도 없는 50년 된 철판에 파, 마늘, 등심의 궁합. 고기를 굽는 철판에도 역사가 있다. 하나하나 손으로 닦아야 하는 관리가 힘든 철판. 다른 철판으로 바꿀 법도 하지만 "저 철판에 구워야 맛있어요"라며 사장님은 현재까지 이 철판을 사용하고 계신다. 세상은 더 편리하게 점점 변해가지만 옛날 방식으로 해야 맛이 변하지 않는다. 노포의 고집에 새삼 경이로워진다. 고집스러운 그 맛, 한번 느껴볼까?

 등심 본연의 고소한 맛에 직접 짠 참기름까지 더해지니 고소한 풍미가 배가 된다. 같이 구운 파채와 마늘 삼합 조합으로 느끼함도 잡고, 재료가 좋아 기교가 없어도 맛있다! 싱싱한 채소에 한껏 싸서 쌈

으로도 즐기는 사이, 예약 필수 '양구이' 등장! 소 한 마리에 8근 나오는 소 양. 다듬고 나면 4근밖에 남지 않아 예약은 필수다. 전부 손으로 손질하기에 준비기간은 최소 3일! 어렵게 수급해 50년 비법 양념으로 담백함에 칼칼함을 더했다.

달군 철판에 양념한 양을 올리고 중심을 차지하는 생마늘! 군침 흘리지 않는 자 모두 유죄! 이곳은 다른 부속 부위 없이 오직 '양념 양구이'만 판매하고 있다. 양념에 푹 재워진 양구이를 한 입하는 현무, 미각에 지배당해 버렸다. 입맛을 돋우는 비법 양념과 마늘 향의 환상적인 궁합이 과하지 않아 질리지 않는다. 이 독보적인 양념의 비밀은 단양에서 공수한 마늘을 듬뿍 넣는 것! 마늘이 연육 작용을 해서 양이 부드러워지고 오독오독한 식감을 살려낸다. 여기에 사장님 손맛이 더해져 달지 않고 감칠맛이 배가 된다.

먹브로 못지않게 끊임없이 잘 먹는 유이. 칼로리 소모가 많은 수영 선수 시절 모닝 삼겹살은 기본은 3~4인분을 기본으로 먹고 유이 전

용 불판까지 보유했다고?! 태생부터 대식가였던 유이지만 연예계 데뷔 후 극한 다이어트도 했었지만, 지금은 운동이 중요하다는 걸 느끼면서 체중보다 건강관리에 집중하고 있다고 한다. 역시 맛있는 걸 먹기 위해서는 운동이 답이다!

　맛있는 거 다음 맛있는 거 먹었으니 이제 진짜 더 맛있는 걸 먹을 차례! 양념 고기를 먹은 다음 필수 코스인 볶음밥! 이곳의 볶음밥은 조금 특별하다. 굴과 1++한우, 직접 담근 김치로 볶아먹는 일명 '굴밥'! 소스와 기름으로 코팅된 철판 위로 모두 집합! 굴이 들어간 볶음밥이 조금 낯설지만, 윤기가 좌르르 흐르고 통통한 굴이 가득한 굴밥 한 숟가락 하면, 고급진 풍미에 사로잡힌다(feat. 매우 뜨거움 주의). 뜨겁지만 조심스럽게 후후 불어 씹다 보면 신선한 굴로 풍미가 가득해 굴을 못 먹는 사람도 쉽게 먹을 수 있을 정도다. 각자 취향껏 기호에 맞게 쌈에 싸 먹기도 하고 그냥 먹기도 하는 등 굴밥을 즐기는 법도 제각각이지만, 결론은 어떻게 먹어도 맛있다는 것! 한우 후식인 만큼 굴 넣은 볶음밥으로 고급스러운 마무리! 세월이 멈춘 이곳으로 추억의 맛 기행, 어떠세요?

> **네 번째 맛집 소감**
> **"유일무이한 맛이야. 이 집 아니면 맛보지 못할 양념이야."**

두 번째 길바닥 인천광역시 "중구"

# 산둥요리 한 상

## 📍 산동주방

| | |
|---|---|
| **주소** | 인천 중구 차이나타운로 38 북성동2가 |
| **운영 시간** | 주말 10:30~20:00 | 월~금 11:00~20:00 |
| | 15:00~16:30 브레이크타임(주말 제외) |
| | 14시, 17시 라스트오더 / 매주 화요일 정기휴무 |
| **찾아 가기** | 1호선 인천역 및 수인선 인천역 하차 도보 10분 내 |

국제도시의 맛은 지금부터가 시작이다. 대한민국의 토속적인 맛을 느꼈다면 이제는 다채로운 음식을 글로벌하게 즐겨볼 차례! 글로벌 다양한 전통 중화요리부터 입맛 당기는 중국식 간식까지 인천 속 작은 중국을 느낄 수 있는 '차이나타운'이다! 맛집 천국인 만큼 선입견 없이 접근해 보자! 중화요리의 진수를 찾아 나서는 먹브로. 방송 출연 맛집이 많은 만큼 숨은 맛집 찾기에 난항이 예상되는데… 그때 먹브로의 눈길을 사로잡은 것은?! 해산물과 농작물이 풍부한 중국 산둥음식 전문점!

   간장과 파, 마늘, 생강으로 맛을 낸 한국 요리와 유사한 산둥요리 전문점이라니, 직감적으로 맛집 예감이 든다. 먹고수 이영자도 인정한 산둥요리에 대한 강한 신뢰로 바로 섭외 요청에 들어가는 먹브로! 한바탕 점심 손님을 치른 후지만 흔쾌히 허락해 주시는 사장님! 중식의 성지에서 산둥요리의 고수를 만나보자!

   차이나타운에서 영업한 지 10년이 넘은 요리 경력 도합 36년 이상인 〈산동주방〉! 1996년부터 시작해 부모님께 물려받은 요리 실력의 화교 3세 사장님이 운영하는 곳으로, 현재 한국으로 귀화하여 한국 스타일로 바꾼 탄탄면으로 관광객들의 사랑을 받고 있다. 이를 입증하는 2005년 중국세계요리대회 수상 경력! 역시 먹브로의 맛집 레이더는 틀리지 않았다! 사장님의 추천 메뉴 '오향장육'과 '가지만두', '산동왕만두', '뚝배기 백짬뽕'까지 다양하게 즐겨보자! 오랜만에 중식이라 잔뜩 설레는 먹브로.

먼저 등장하는 첫 번째 음식은, 다섯 가지 향으로 오감을 자극하는 산둥요리의 대표 메뉴 '오향장육'이다. 기름기가 적은 앞사태를 얇게 저민 다음 팔각, 산초, 통후추, 월계수, 소회향 다섯 가지 향신료로 만든 오향 가득한 소스를 부어주면 완성되는 산둥요리의 정수. 이곳의 오향장육에는 돼지껍질을 육수에 넣고 졸여 굳힌 검은 젤리, '짠슬'이 고명으로 곁들여진다. 살코기지만 부드러운 식감의 단백질과 콜라겐이 너무 과하지 않은 간장 소스와 기막힌 밸런스가 잘 어우러져 담백하다. 오향장육으로 중식을 수혈하니 서서히 깨어나는 미각 세포. 여기에 고수를 얹어 먹으면 맛을 더 풍성하게 만들어준다.

다음 메뉴는 바다로 꽉 채운 한 그릇, '뚝배기 백짬뽕'이다. 직접 뽑은 면은 즉석에서 삶고, 탱탱한 면발을 위해 바로 찬물로 직행! 그사이 각종 채소와 해산물은 산둥요리 특유의 고춧가루 없는 맑은 국물로 불꽃 샤워를 마친다. 국물 먼저 한 입 해주면 속에서부터 감동을

부르는 숨은 찐 맛 발견! 쫄깃한 면발과 해물 향 가득한 국물! 중국식 우동 맛에 해산물이 많은 누룽지탕 맛이 곁들어진 듯하다.

한참 면발을 흡입할 때 쉬지 않고 나오는 '가지만두'와 '산동포자(왕만두)'! 가지에 고기를 품은 가지만두와 산동지방 대표 만두 산동포자가 일품요리로 재탄생했다. 크기가 커서 중국에서는 '산둥따빠오즈'라고 하는 산동포자에는 애호박, 물밤, 두부튀김, 목이버섯, 돼지 등심과 뒷다릿살을 듬뿍 넣고 볶아, 직접 한 장씩 빚은 만두피에 푸짐하게 채워 만든 것이다. 아버지에게 물려받은 중국 전통 방식 그대로 빚어내 더욱 특별한 맛! 채소와 고기로 가득 채워진 포자 소에 씹는 맛과 입안 가득 촉촉하게 적셔주는 육즙 향이 일품이다. 구수한 찐빵 만두 먹는 맛에 겨울이 기다려진다.

다음은 고소한 냄새로 자극하는 가지만두 한입! 가지를 반으로 갈라 만두 소를 가득 넣고 노릇노릇 바삭하게 튀겨냈다! 가지 안 좋아

하는 사람도 먹을 수밖에 없는 가지 속 가득한 고기 육즙의 향연. 무르기 쉬워 요리하기 힘든 가지가 하나의 요리로 탄생했다. 새콤 짭짤한 간장 소스에 살짝 찍어 먹으면 가지만두의 맛이 완성된다. 놀라움과 행복을 선사한 산둥요리 한 상, 잘 먹었습니다!

> 다섯 번째 맛집 소감
> **"중식의 무림 강호, 차이나타운에서 찾은 맛의 절대 고수!"**

### 인천 차이나타운

- 1883년, 인천항이 개항되고 이듬해 청나라 조계지가 설치됨에 따라 중국 본적을 가진 화교들(주로 산둥성 출신)이 대거 이주하며 형성된 곳이다.
- 이들이 먹던 산둥식 비빔국수가 발전해 현재 한국식 자장면이 되었다는 설이 유력하다. 이주한 화교들이 주택과 점포를 지어 중국에서 들여온 물건들을 거래하며 상권이 넓어졌고, 중식당들이 들어서면서 현재의 모습을 갖추게 됐다.
- 정통 중식요리부터 화덕만두, 공갈빵, 탕후루 등 중국식 간식까지 맛볼 수 있다.
- 한국 정부 수립 후, 각종 규제와 거주 자격 강화 등으로 위축된 시기도 있었으나, 1990년대 후반 중국과 수교가 맺어지며 본격적으로 활기를 찾게 됐다.
- 삼국지벽화거리, 자유공원, 동화마을, 자장면 박물관은 물론, 근처 일본풍 거리까지 구경할 수 있다.

### 한국 만두 vs. 중국 만두

- 중국식 주식 빵은 소가 없는 '만터우(饅頭)', 두터운 피에 소를 채운 '빠오즈(包子)'가 있다.
- 우리가 흔히 먹는 만두는 중국에서 '쟈오즈(餃子)'라고 한다.

두 번째 길바닥 인천광역시 "미추홀구"

# 사골 수육 스지탕 × 모둠전

📍 **인천집**

| | |
|---|---|
| **주소** | 인천 미추홀구 경인로 17 |
| **운영 시간** | 목~화 12:00~22:00 / 매주 수요일 정기휴무 |
| **찾아 가기** | 숭의역 4번 출구에서 828m |

인천에서 시작된 인천이 자랑하는 오랜 역사 음식! 구미에는 '선산곱창'이 있고, 대구에는 '양념치킨'이 있고, 광주에는 '애호박찌개'가 있듯 음식에도 태생지가 있는 법! 다채로운 문화 도시 인천에서 시작된 음식은 바로 '스지탕'! 우리나라 최초 개항지 인천에 일제강점기 일본인들이 즐겨 먹던 음식으로 현무 취향 저격 메뉴다.

스지탕으로 벌써 26년 넘게 한 자리를 지켜온 동네 노포 맛집이자 인천을 대표하는 듯 이름 마저 〈인천집〉인 이번 식당! 오직 사골과 잡뼈로만 매일 10시간 이상 푹 끓여낸 육수를 사용해 스지와 무, 대추, 인삼, 수제비까지 한 그릇에 보양식처럼 담아 낸다. 여기에 잘 익은 김치와 특제 양념장이 들어간 비빔국수 그리고 푸짐한 모둠전이 별미라고! 특히 '인천집' 사장님의 딸도 함께 일하다가 2호점을 오픈해 MZ들의 성지가 됐다고 한다. 우리는 MZ지만 엄마의 원조집에서 스지 한번 즐겨 보자!

아련하고 아늑한 노포 감성이 낭낭한 '인천집'. 쉴 새 없이 돌아가는 오픈 주방을 보니 신뢰가 간다. 매일 정성으로 기름기를 제거해 뽀얗게 고아낸 국물에 무를 넣고 주인공인 스지와 대추, 인삼을 넣는다. 여기에 소면이나 당면이 아닌 손수 반죽한 수제비를 투박하게 뜯어 넣는 것이 이 집의 포인트! 이곳의 스지탕 한 그릇은 정성의 결정체다. 쫀득하게 먹는 재미가 있어 입이 즐거운 건강식 '스지탕' 나왔습니다~

"고기 식감을 위해 고기 먼저 소스에 찍어 드세요." 사장님 말씀은 들어서 손해볼 일 없는 법. 어서 먹어보자! 국물 냄새만 맡아봐도 진국임

이 틀림없다! 우리의 순정파 먹브로는 코로 먼저 음미하고 소스 없이 한입! 쫀득쫀득하고 부드러운 식감에 감동이 은은하게 올라온다. 두께와 상관없이 혀에 부드럽게 감기는 스지를 어떻게 싫어할 수가 있을까.

양도 적고 조리도 까다로운 스지는 정성이 필요한 식재료다. 초벌한 스지를 맑은 물이 나올 때까지 서너 번 씻은 후 2시간 이상 끓여 식감 판별하는 부위를 만져보고, 말랑말랑할 때 건져낸다고 한다. 그렇게 건진 스지는 식힌 다음 기름을 제거하는 등 스지탕 한 그릇을 위한 노고가 고스란히 담겨 있다. 그 정성에 절로 공손해지는 마음. 그 덕분에 몸보신 제대로 하는 먹브로. 정성을 담은 음식은 건강해질

수밖에 없다.

　스지 식감에 취하고 국물 맛에 취하고 분위기에 취할 즘 등장하는 모둠전. 마치 명절을 연상케 하듯 애호박전, 표고버섯전, 동태전, 고추전, 동그랑땡이 푸짐하게 담겼다. 보기만 해도 마음이 풍성해지는 느낌이다. 보통 사이즈보다 큰 전에 자극적이지 않고 담백해 더 맛있는 모둠전. 명절에 가족들과 나누고 싶어지는 맛이다. 아낌없이 넉넉하게 들어간 재료와 변함없이 깔끔한 손맛으로 탄생한 모둠전도 모두 사장님이 매일 직접 만든 사랑의 결과물이다. 역시 엄마의 손맛은 언제나 옳다.

여기서 멈출 수 없다. 스지에 반한 먹브로 '스지 무침'을 주문하다. 뜨근하고 말랑한 스지를 양념한 부추와 함께 버무려 고소함에 고소함을 더하다! 스지 본연의 윤기에 참기름이 더해져 윤기가 두 배! 맛은 네 배! 자꾸만 들어가는 고소함의 끝판왕. 먹브로, 오늘치 행복 한도 초과다. 고소함을 바탕으로 스지 하나로 정면 승부하는 스지 무침에서 깊은 요리 내공을 마주했다. 꾸밈없는 노포를 닮은 순수한 정성의 맛. 순정의 맛으로 지친 미각 치유해 보세요!

> 여섯 번째 맛집 소감
> **"이 집의 큰 장점은 모든 음식 하나하나가 살아 있어요.
> 순정 맛이 다 살아나는 식당이에요."**

### 스지 먹조합

- 스지+소스
- 스지+김치
- 스지+오징어젓갈

### 스지란?

- 소의 사태에 붙어 있는 힘줄과 주위의 근육 부위로, 소 한 마리에 나오는 양이 3kg 정도로 적다.

- 질겨서 기본 6~7시간 이상 푹 끓여야 물렁물렁해지며 먹을 수 있다.
- 쫀득쫀득한 '콜라겐(단백질)' 덩어리로 도가니와 비슷한 맛을 낸다.

- 도가니는 소의 무릎 뒤쪽 오목하게 들어간 부위를 말한다.

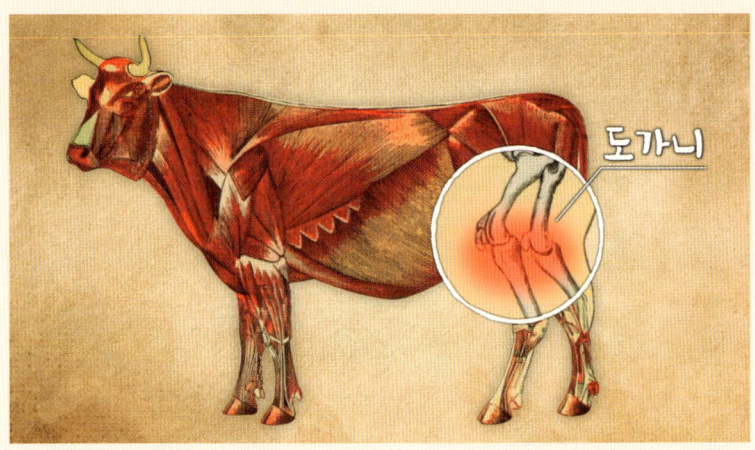

## 세 번째 길바닥

# 부산광역시

사상구

중구

남구

해운대구

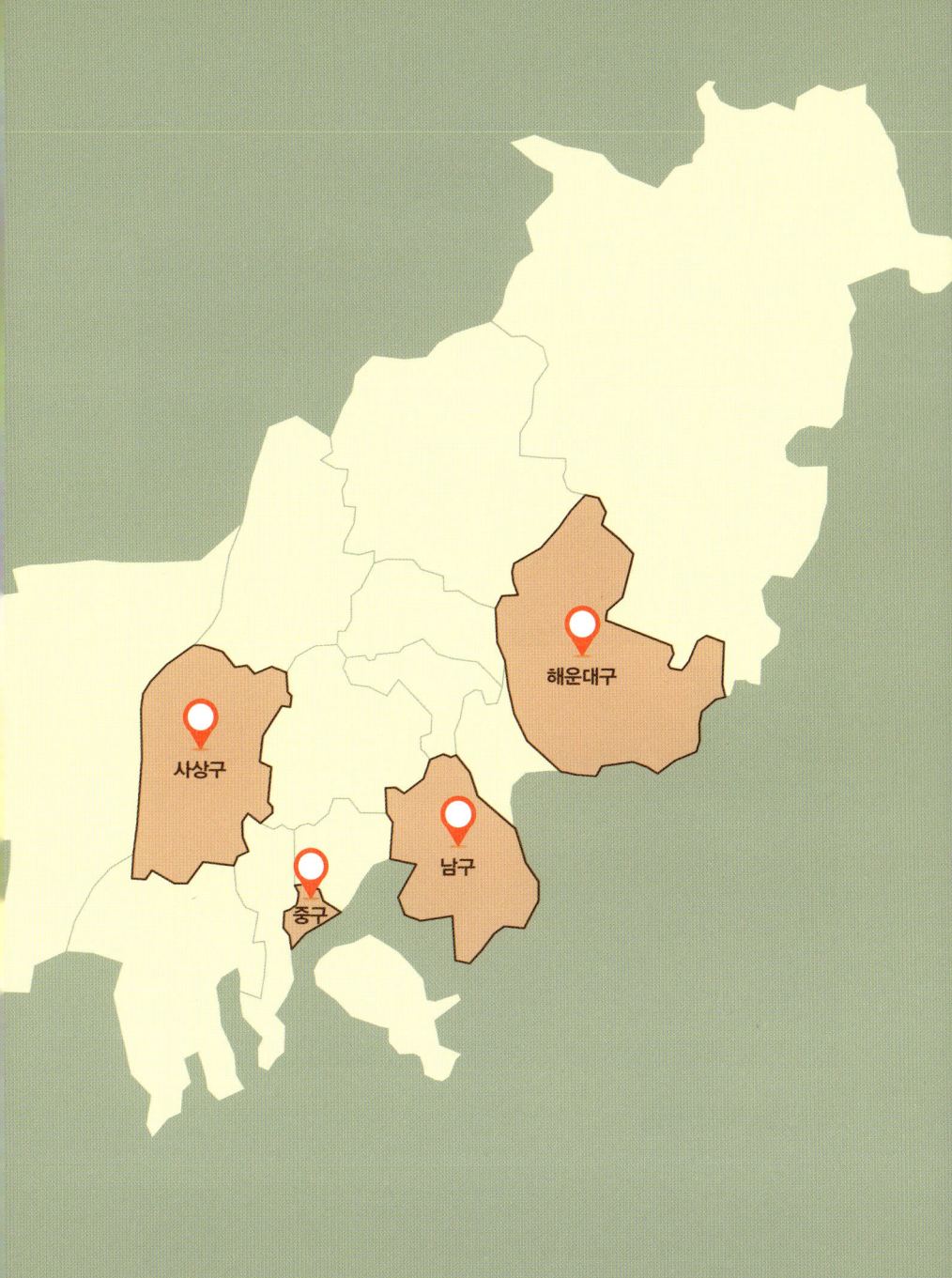

세 번째 길바닥 부산 "사상구"

# 돼지국밥

## 📍 안동돼지국밥

| | |
|---|---|
| 주소 | 부산 사상구 백양대로 718 |
| 운영 시간 | 매일 11:00~21:00 / 매주 일요일 정기휴무 |
| 찾아 가기 | (지하철) 덕포역 4번 출구에서 914m, |
| | (버스) 신라대학교입구에서 40m |

무계획 먹브로! 대한민국 제2의 수도, 준빈의 고향인 부산에 가다! 가는 곳곳이 맛집이자 역사와 문화가 어우러진 미식의 도시, 부산! 오늘도 먹고 또 먹기 위해 찾아라, 부산의 맛! 부산역에 도착한 현무의 관심은 오직 "돼지국밥"! 고기 부위도 먹는 방법, 국물 색깔도 식당마다 천차만별! 약 1,800군데의 돼지국밥집 중 부산 최고의 인생 돼지국밥집은 바로, 준빈의 인생 돼지국밥집 〈안동돼지국밥〉이다.

유명 국밥집과 비교 불가! 자타공인 국밥 마니아 준빈이 인정한 전국 1티어 돼지국밥! 지인들과 항상 찾는 것은 물론, 무뚝뚝한 준빈 부자의 유일무이한 단골 외식 장소다. 흠잡을 곳 없고 처음 먹는 사람도 어렵지 않은 국물 맛, 과연 돼지국밥 러버 현무에게도 인생 국밥이 될까?

약 20년 변화가도 아닌 동네 한 곳에서 장사를 하고 계시는 사장님. 처음 칼국수와 보리밥을 팔았지만 장사가 잘 안되어 아내 의견에 따라 돼지국밥을 시작하게 됐다. 그런 아내의 고향이 안동이라 '안동돼

지국밥'으로 이름 지었고, 이제는 다른 지방의 단골이 찾아올 만큼 잘 되고 있다. 돼지 잡뼈 NO, 오로지 무릎뼈를 9시간 고아서 맑은 국물을 내는 것이 포인트! 일정 시간 고기를 삶아서 잡내 없이 부드럽고 담백한 돼지고기와 뽀얀 국물을 뚝배기에 담은 후 고기 토렴은 필수! 깨끗한 국밥 맛의 진수를 맛볼 수 있다.

단출하지만 알찬 한 상! 뽀얀 국물에 반해버린 현무는 아무것도 넣지 않은 순정부터 맛보는데…. 사장님의 자부심이 가득 담긴 깊고 진한 국물 한입에 인생 돼지국밥 인정! 먹으면 먹을수록 감동이 밀려오는 이 국물 맛이 바로 동네에서 20년째 이어갈 수 있는 이유다.

미식가 현무의 반응에 가게를 추천한 준빈의 어깨가 으쓱한다. 순정을 맛봤으니 이제 부산 스타일로 즐겨보도록 하자! 부추도 넣고 새우젓도 넣어 한입 하면? 또 다른 맛의 향연이 펼쳐진다. 새우젓 하나로도 돼지국밥 맛을 좌지우지하는 이 맛! 입천장을 델 만큼 뜨거운 국물이 들어가 줘야 뱃속까지 든든하게 기운 충전!

국밥에 들어간 고기는 뽀얀 사골 육수와 천일염으로 간이 잘 되어

있어 무한 흡입하게 한다. 어느새 이곳의 맛에 반해버린 현무는 "나 여기 계속 올 것 같은데?"라며 뚝배기째 들이킨다. 며칠 굶은 사람처럼 한동안 말없이 돼지국밥만 호로록하는 먹브로, 어느새 완국! 이 정도면 부산 돼지국밥 성공! 오랜 시간 많은 사람의 소울 푸드로 사랑받은 돼지국밥. 먹브로의 공식 맛집으로 인정합니다! "돼지국밥 한 뚝배기 하실래예?"

---

**첫 번째 맛집 소감**
**"줄 서서 먹는 맛집보다 훨씬 맛있다. 찾았다! 인생 돼지국밥!"**

---

### 준빈의 먹팁

하나. 남자 사장님이 직접 철가방을 들고 배달하는 찐 맛집!
둘. 새우젓으로 감칠맛과 간을 더하고 부추(정구지)를 추가한다.
셋. 사장님 부부가 직접 담그신 김치와 깍두기 얹어 먹는 것은 필수!
넷. 맑고 깨끗한 국물이지만, 국밥 안에 양념장이 들어 있다.
다섯. 9시간 이상 끓이면 오히려 냄새가 난다.

## 돼지국밥의 유래

- 1950년 한국전쟁 당시 경상도 지방으로 내려온 피난민들이 미군 부대에서 나오는 돼지 뼈를 설렁탕처럼 끓여 먹으면서 시작했다는 설
- 이북 출신 실향민이 이남에 전했다는 설
- 1930~40년대 외식으로 팔리기 시작한 것이 지속됐다는 설
- 일제강점기 시절 수출하고 남은 잔육으로 해 먹기 시작했다는 설
- 전국 돼지국밥 식당 중 88%가 부산 및 영남 지역에 위치

## 맑은 국물 vs. 뽀얀 국물

- 맑은 국물: 뼈를 **처음 끓인 국물**만 사용
- 뽀얀 국물: 뼈를 **장시간 더 끓여** 사용

세 번째 길바닥 부산 "중구"

# 부평깡통시장 먹거리

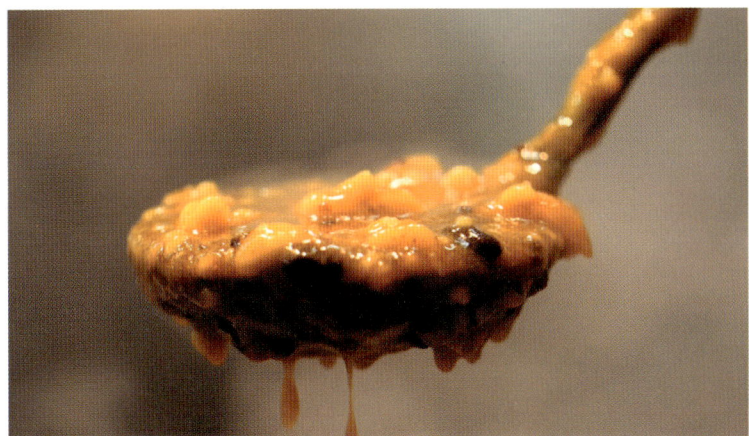

## 📍 소문난죽집

| | |
|---|---|
| 주소 | 부산 중구 중구로43번길 36 |
| 운영 시간 | 오전에서 저녁까지 운영 |
| 찾아 가기 | 지하철 1호선 자갈치역 7번 출구 |

부산에서 찾아간 두 번째 길바닥 먹거리는 바로 "부평깡통시장"이다. 1890년대 '사거리 시장'으로 시작해 1910년 전국 최초의 공설 1호 시장이다. 면적 30,597$m^2$(약 9,200평)로 단일 시장으로는 전국 최대 규모를 자랑한다. 미식 도시 부산의 간식은 여기 다 있다고 할 정도로 먹거리가 넘치는 이곳! 어묵, 튀김, 전, 떡볶이, 달걀호떡, 비빔당면 등 없는 게 없는 간식의 천국! 그중 깡통시장 내 유명한 죽집으로 향한다. 3대째 죽 한 그릇의 추억을 이어가는 70년 전통의 〈소문난죽집〉! 죽 메뉴도 팥죽, 녹두죽, 호박죽 단 3가지로 70년간 한결같다. 매일 아침 끓여내는 역사를 품은 죽!

가장 먼저 '녹두죽' 한입! 녹두죽이라고 다 같은 게 아니다. 3시간 동안 녹두를 삶은 후 잘 삶은 녹두를 채에 넣고 손으로 비벼가며 껍질을 거른다. 정성으로 한참을 저어준 후 불린

멥쌀을 넣어 뭉근하게 끓여내면, 녹진한 맛처럼 진한 미소가 저절로 퍼지게 한다.

다음 코스 '팥죽'도 한입 하면? '본래 팥의 맛은 이런 거다'를 깨닫게 되는 맛을 자랑한다. 긴 겨울밤 생각나게 하는 바로 그 맛! 양념 많이 들어  간 김치 한 점 딱 올려 먹으면 새콤함과 담백함이 만나 이루는 조화! 4시간 동안 푹 삶은 팥은 한알 한알 손으로 으깨 걸러준다. 팥물이 고울수록 맛도 곱다. 정성껏 동그랗게 빚은 새알심과 멥쌀이 걸쭉한 팥물 속으로 퐁당! 설탕 뺀 팥죽은 옛 추억을 생각나게 하는 어른의 맛이다.

마지막 코스는 바로 '호박죽'! 첫입에 마음을 사로잡는 부드럽고 달달한 맛에 인생 호박죽을 만났다는 준빈과 아이들이 좋아할 맛이라는 현무. 이곳은 호박죽은 듬성듬성 자른 늙은 호박과 팥, 강낭콩을 넣고 한참 동안 푹 끓인다. 여기에 곱게 빻은 찹쌀가루와 멥쌀가루 넣고 달콤한 호박 맛이 모든 재료에 스며들면 시장의 아침을 여는 호박죽이 완성된다. 요즘처럼 잦은 배달과 외식으로 설탕 맛에 익숙해져 버린 입맛에 재료 본연의 맛이 오히려 낯설게 느껴진다. 하지만 먹다 보면 건강한 본연의 맛에 사로잡히게 된다.

시어머니부터 아들까지 강산이 7번 변할 동안 변함이 없었던 이곳의 죽. 판자촌에서 죽 장사를 시작해 한국전쟁 시절 미군 부대에서 잔

반을 얻어다가 시래기, 콩나물을 넣어 일명 '꿀꿀이죽', 'UN탕'이라 불리는 죽을 만들어 팔았다. 그 어려운 시절을 지나 완성된 지금의 죽집은 맛에 대한 고집과, 죽 장사 외길 인생으로 현재 깡통시장 죽 골목에 남은 마지막 죽집(최근에 생긴 곳 제외)이다. 정성은 그대로, 영양은 더욱 듬뿍! 흘러간 시절의 향수가 있는 역사와 추억을 담은 유일무이한 죽 한 그릇은 곧 70년의 역사를 먹는 셈이다.

지금은 죽이 대체로 간식으로 취급되지만, 먹을 게 없던 시절 서민들의 허기를 달래던 주식. 긴 세월만큼 죽 맛을 기막히게 아는 단골들도 많았지만, 이제 더 이상 죽집을 찾아올 수 없다. 맛을 기억하는 소수의 단골손님을 위해 사장님은 오늘도 솥을 뜨겁게 달군다.

> 두 번째 맛집 소감
> **"귀한 맛이다, 귀한 맛이야."**

**소문난죽집 먹팁**

하나. 점심과 저녁 시간대는 붐비므로 오전 시간대 추천!
둘. 녹두죽 → 팥죽 → 호박죽 순서대로 먹기

### 깡통시장 역사

- 일제강점기에 국내 최초로 개설된 공설 시장이다.
- 개장 시 '일한 시장'이었으나 해방 후 지명을 따라 '부평시장'이 되었다.
- 한국전쟁 당시 미군 식량으로 통조림이 대량 공급되었고, 다양한 깡통 제품들이 판매되면서 '부평깡통시장'으로 불리게 되었다.

세 번째 길바닥 부산 "중구"

# 양곱창 모듬 구이

## 📍 백화양곱창 1호집

| | |
|---|---|
| 주소 | 부산 중구 자갈치로 23 |
| 운영 시간 | 월~토 12:00~24:00 / 매달 1, 3번째 일요일 휴무 |
| 찾아 가기 | 자갈치역 6번 출구에서 107m |

죽집 사장님 추천을 받아 양곱창 골목으로 출발! 부산의 자갈치 양곱창 골목은 한국 양곱창구이의 총본산이라고 불린다. 국내에서 양곱창 식당가로는 최대 규모이며, 전국에서 처음 외식 메뉴로 판매한 곳이기도 하다. 1970~80년대 원양어선을 타는 선원들이 작부집이 많았던 자갈치시장 뒷골목으로 자주 오가게 됐는데, 수산업 경기가 안 좋아지자 가게들이 양곱창집으로 업종을 변경하며 오늘에 이르렀다.

양곱창 공동 구역에 들어서면 제일 먼저 할 일은 바로, 1~12호까지의 가게 중 원하는 가게 호수를 정해라! 그중 먹브로가 찾아간 곳은 1952년에 시작에 73년째 부산 자갈치 양곱창 골목 터줏대감으로, 4대를 이어가는 살아있는 전설이다. 〈백화양곱창 1호집〉은 1대 사장님이 1952년 손수레 보관창고 자리에서 노점상으로 양곱창을 팔기 시작하며 4대에 걸쳐 장사를 이어가는 중이다. 내장 손질 후 물에 씻어 얼음 빙장 후 손님상에 내어지는데, 주문이 들어오는 즉시 소금구이는 밑간, 양념구이는 양념장을 버무려 내어진다. 그리고 온도 조절이

쉬운 연탄불을 놓고 직화로 양곱창을 구워주는 것이 이곳의 포인트다!

기본 밑반찬 중 눈에 띄는 물김치! 시원함이 일품인 물김치와 세상이 변해 좋은 게 많아져도 변치 않는 조리법인 연탄불의 조합이 어쩐지 그 옛날 세대의 향수를 불러일으킨다. 연탄불 위에서 쫄깃한 식감의 비주얼을 자랑하고, 불타오른 식욕에 먼저 응답할 그것은 바로 소의 심장 '염통'! 매콤파 현무는 청양고추를 얹어서, 달콤파 준빈은 소스 찍먹으로 냠! "우와~ 고소하다~"

고소한 염통으로 위장 예열이 끝났다면, 이어지는 순서는 고단백의 별미 '양'구이 차례! 서걱서걱, 몰캉몰캉 그야말로 식감 천재 양구

이는 씹어본 자만이 아는 미식의 순간을 즐길 수 있다. 근막을 일일이 제거하고 수제 파인애플 연육제를 사용해 굽기 전 한 숟가락 추가하여 달콤함을 높이는 게 이곳의 숨겨진 비밀이다. 거기에 잡내 잡는 다진 마늘과 후추를 살짝 뿌려 잘 버무려 내면 부드럽고 고소하게 즐길 수 있다.

이어지는 다음 순서! 초벌구이한 대창과 곱창! 꽉 찬 곱이 씹을 때마다 입안에서 팡팡 터지는 재미까지 먹는 맛이 두 배다! 빈틈없는 곱과 껍질의 환상 조합! 고소함의 끝판왕 곱창의 고소함이 가득 입안을 행복하게 해준다. 그리고 연탄 향을 입고 나면 거부할 수 없는 대창의 그 맛까지! 연탄 냄새와 절묘한 밑간, 새콤한 소스 그리고 굽기 스킬이 더해져 계속 입맛 당기는 마성의 맛이 콤비를 이룬다.

처음에는 연탄 때문에 손님들이 기침을 해서 가스 불로 바꿔 보려 했지만, 제대로 된 맛이 나지 않고 연탄 불맛의 맛이 그리워 찾아오는 손님들을 위해 사장님은 지금도 연탄불을 고집하고 있다. 소금구이로

입맛을 돋웠다면 다음은 대를 이어온 비법 양념을 즉석에서 버무려 먹는 양념구이를 맛보자! 주름마다 고루 밴 양념구이 한 점 하면, 밥 비벼 먹기 좋은 달짝지근함이 입안을 가득 메운다.

　양념구이의 후반전이 있다?! 우동사리와 물을 부어 국물이 자작한 볶음 우동으로 즐기는 것! 양념구이와 우동으로 맛이 없을 수 없는 조합이다. 볶음 우동의 매력 다음으로 끝나지 않는 연장전은 바로, 연탄불에 직접 여러 장을 같이 적당한 온도로 구워낸 김에 양밥(양볶음밥)을 싸 먹는 것! 연탄불에 갓 구운 김의 바삭바삭한 식감과 본연 단맛이 솔솔~ 양념 코팅된 밥알에 다진 양과 김의 삼중주로 마무리!

> **세 번째 맛집 소감**
> **"아는 메뉴에서 느낀 새로운 맛!"**

### 백화양곱창 1호집 먹팁

하나. 불의 온도에 따라 익는 순서가 있는 법! 곱창과 대창은 기름이 있으므로 초벌해서 직화로 옮긴다. 염통 → 양 → 곱창 → 대창 순으로 구워 먹는다.

둘. 소금구이를 먼저 먹고 양념구이를 먹은 다음 우동사리와 물을 붓고 전골 형태로 색다르게 먹는다.

셋. 연탄불에 직접 구워낸 김에 다진 양과 깍두기를 넣어 만든 양밥(볶음밥)을 싸서 먹는 것이 별미 중 별미! 맵부심이 있다면 청양고추, 양념장 추가!

## 양곱창/소 위 부위별 특징

- **염통**
  심장의 순우리말로 '소의 심장'을 말한다. 단백질 함량이 높고 쫄깃쫄깃한 식감이 특징이다. 고기와 내장의 맛을 적절히 느낄 수 있다.

- **양**
  소의 4개 위 중 첫 번째 위를 말한다. 구이용으로 적합하게 두꺼운 부분을 '특양' 또는 '양깃머리'라고 부른다. 칼로리가 낮고 지방이 거의 없다. 오독오독 서걱거리는 식감이 특징이다.

- **벌집양**
  소의 두 번째 위로, 주로 곰탕에 쓰인다.

- **천엽**
  세 번째 위로, 천 장의 잎사귀가 겹친 것 같다고 하여 붙여진 이름이다.

- **막창**
  소의 마지막 위로 '홍창'이라고도 부른다.

- **곱창**
  곱이 들어 있는 창자(곱은 소장 안에 차오른 소화액, 창은 창자를 의미) 곱창 안에 들어있는 하얀 곱은 고소하고 담백하다. 식감은 쫄깃하고 탄력이 있으며 육즙이 풍부하다.

- **대창**
  대장을 뒤집어서 겉에 붙은 지방이 안으로 들어오게 손질한 것이다. 씹는 순간 톡 터지는 기름의 맛과 고소함이 매력적으로, 마니아층이 두터운 음식이다.

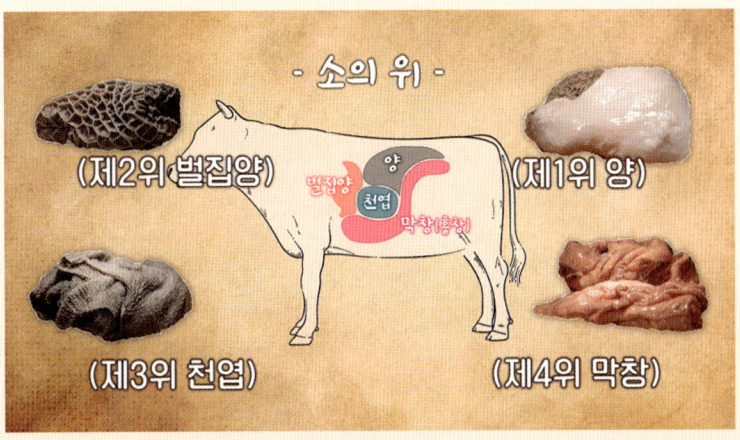

세 번째 길바닥 부산 "남구"

# 밀면

## 📍 내호냉면

| | |
|---|---|
| 주소 | 부산 남구 우암번영로26번길 17 |
| 운영 시간 | 매일 10:30~19:00 / 18:30 라스트오더 |
| 찾아 가기 | 우암동 장고개 위치 |

이번에 찾은 맛집은 바로, 준빈의 추억 속 부산 최고의 밀면집 〈내호냉면〉이다. 이름은 냉면이지만 냉면과 밀면 모두 판매하고 부산 최초 밀면 제조 맛집으로 소문난 맛집이 되었다. 번화가에서 벗어나 관광객보다 현지인들의 맛집이며, 조금은 바뀌었지만 옛 모습을 그대로 간직한 곳이다. 1919년에 시작해 100년 전통, 4대째 가업을 이어가는 부산에서 가장 오래된 밀면집이다.

밀가루 70%, 고구마 전분 30%의 황금비율로 만든 면을 사용하고, 한우 암소 힘줄, 마늘, 생강, 간장, 소금과 약간의 조미료를 넣고 끓이는 것이 이 집의 육수 비법이다. 역사를 알기엔 어렸던 아들 준빈이 그저 아버지와 맛나게 먹던 밀면집. 20년이 훌쩍 지나 추억이 담긴 이곳을 다시 찾았다.

100년의 역사를 자랑하는 만큼 또 다른 역사를 확인할 수 있다. 6.25 한국전쟁 당시 흥남에서 내려와 다시 돌아갈 수 있을 줄 알았던 2대 사장님이 그려둔 당시의 고향 가계도. 눈에 선한 고향 마을과 헤

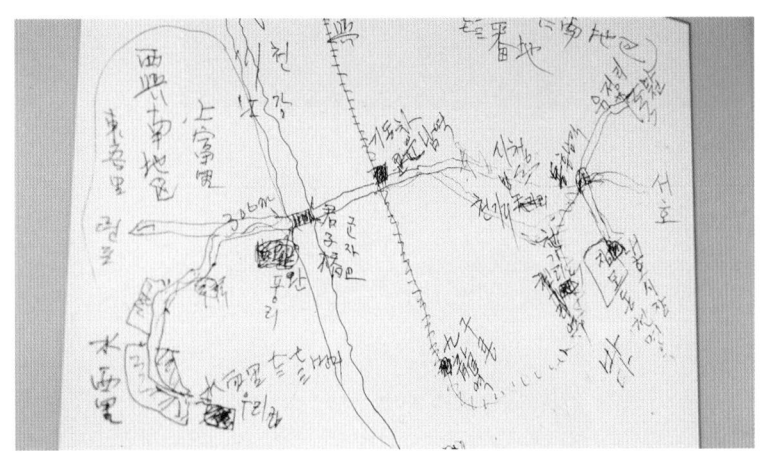

어진 가족. 통일이 되면 다시 밟고 싶었던 고향 땅. 통일을 기다린 지 70년, 아직도 그 자리에 머무는 밀면집이다.

역사와 아픔, 추억이 가득한 이곳의 밀면 맛은 과연 어떨까? 고운 자가 제면 면발을 비법 간장과 달콤한 설탕 그리고 고소한 참기름에 잘 버무린 다음 아낌없이 각종 고명이 올라간다. 여기에 무심하게 툭 올라가는 비법 양념장과 육향 가득한 육수까지 촤악~ 밀면 한 입하기 전, 놓칠 수 없는 뜨끈한 육수 한 모금으로 먼저 입안을 개운하게 해주고~ 냉면과 또 다른 쫄깃한 면 한입 호로록!

구수한 육수가 면발을 휘감고 입안을 점령하는 감칠맛에 감탄이 절로 나온다. 어릴 때 먹었던 먹은 맛인지 기억은 잘 안 나지만 어쨌거

나 "맛있다"! 끈기 없는 밀가루에 고구마 전분으로 찰기를 더해 탄생한 이곳의 밀면. 냉면보다는 통통하고 쫄면보다는 부드러운 게 이 집의 특징이다.

이어서 양념장 듬뿍 윤기 좌르르한 비빔 밀면을 맛볼 차례! 투명한 면발이 양념을 머금을 때가 바로 젓가락 타이밍! 가오리회와 함께 한 입 해주니 입맛을 돋우는 비빔의 마력이 느껴진다. 배불러도 거부할 수 없는 밀면의 매력! 현무 인생 밀면으로 등극 완료!

> **네 번째 맛집 소감**
> **"흔히 먹는 함흥냉면보다 이게 훨씬 더 맛있는 것 같아."**

**내호냉면 먹팁**

하나. 주문 즉시 면을 뽑아 삶으므로, 기다리는 동안 따뜻한 육수로 입안을 개운하게 한다.

둘. 밀면이 나오면 면을 자르지 않는다.

셋. 한입씩 맛을 느끼기 위해 식초나 겨자는 넣지 않고 본연의 맛을 먹어본 다음 기호에 맞게 첨가한다.

넷. 찬으로 나온 무채를 곁들어 먹는다.

### 밀면 역사

- 1·4후퇴 때 내려온 피란민들이 냉면이 먹고 싶었으나, 메밀이 나지 않는 부산 지역이라 UN 원조 밀가루로 냉면을 대체해 만들어 먹은 것이다.
- 밀면은 원래 '밀 냉면', '경상도 냉면' 등으로 불렸으나, 성질 급한 경상도 사람들이 '밀면'으로 줄여 부르면서 정착되었다고 한다.

### 부산 유명 밀면집 특징

- **국제밀면**
    - 부산 3대 밀면
    - 자극적이지 않은 육수 맛에 약간은 질긴 듯 쫄깃한 면 식감
    - 고명에 오이가 특히 많이 올라가 있는 게 특징

- **개금밀면**
    - 부산 3대 밀면
    - 고명으로 잘게 찢은 닭고기가 올라가 있는 것이 특징이며 물밀면의 양념장이 칼칼한 편
    - 비빔 밀면에는 명태 양념장이 들어가 있는 게 특징

- **해운대 가야밀면**
    - 부산 3대 밀면
    - 장조림을 연상케 하는 고기 고명이 올라가는 게 특징

세 번째 길바닥 부산 "해운대구"

# 줄가자미 ×대방어 회 한 상

## 📍 동백섬횟집

| | |
|---|---|
| 주소 | 부산 해운대구 해운대해변로209번나길 17 우동 근생 |
| 운영 시간 | 매일 12:00~22:00 / 14:00~16:00 브레이크타임<br>20:20 라스트오더 |
| 찾아 가기 | 해운대역 7번 출구에서 583m |

미식의 도시 부산에는 유명인들이 많이 찾는다는 횟집이 있다?! 부산에 촬영하러 올 때마다 온다는 박찬욱 감독부터 부산국제영화제 뒤풀이 장소로도 유명하다. 또한 맛집 네비게이터로 소문난 정용진 부회장도 부산에 오면 꼭 찾는 이곳에는 특별한 메뉴가 있다. 바로 줄가자미(이시가리)! 양식이 안 되고 바다 깊은 데서 자연산으로만 잡아야 하는 아주 귀한 생선이다. 수족관에 넣어두면 잘 죽기 때문에 취급하는 횟집도 많지 않다고 한다.

줄가자미는 심해에 사는 어종으로 차가운 수온을 견디기 위해 다른 가자미보다 지방이 많다. 그 때문에 전체적으로 잡내가 전혀 없고 식감이 쫄깃하며 특히 '지느러미'가 일품이다. 뼈째로 길게 썰어져 나오며, 살짝 거친 질감이 있지만 이 또한 매력적인 식감을 자랑한다. 선택받은 소수만 즐길 수 있다는 최고급 어종 줄가자미! 회 중의 회, 줄가자미회 3인분 주이소~

먼저 싱싱한 전복, 소라, 개불, 해삼으로 입가심하고 나니 등장하는

메인 요리! 뼈째 먹는 맛이 일품인 줄가자미회와 그 옆에 기름진 맛의 끝판왕 방어회, 그리고 쫄깃함이 특징인 열기회와 갯바위의 제왕 돌돔회까지 자연을 품은 회 한 상이 차려진다. 겨울에만 허락된 호사를 누려보자!

쌈장에 찍어 한입 싹 해주니 오독오독한 씹는 식감이 감탄을 자아낸다. 매콤한 김치 양념과 고소한 지방의 만남으로 익숙한 듯 낯선 주체할 수 없는 젓가락 이끌림까지! 뼈째로 연하게 즐기려면 산란기인 겨울이 제맛인 줄가자미!

다음 젓가락 코스는 겨울철 별미로 통하는 대방어 회! 입안에 꽉 차는 감칠맛을 자랑하는 대방어 회 맛도 막상막하! 그리고 단맛이 일품인 열기(불볼락)회는 줄가자미와 식감도 차이가 난다. 야들야들한 살점과 톡톡 터지는 뼈의 식감으로 존재감 넘치는 줄가자미회 한 접시, 드셔보이소~

---

**다섯 번째 맛집 소감**
**"정신 혼미. 식감 넘사벽 줄가자미회!"**

### 광어 vs 줄가자미 구별법

- 눈이 왼쪽에 있는 것은 "광어" vs 눈이 오른쪽에 있는 것은 "줄가자미"
- 줄가자미는 거칠고 두꺼비 같은 껍질을 갖고 있으며, 속살은 뽀얗고 식감이 쫄깃쫄깃하다.
- 오독오독한 식감이 일품인 줄가자미의 뼈는 겨울이 지나면 억세져서 먹을 수 없다.

### 줄가자미(이시가리) 특징

- 남해 수심 100~150m에서 잡거나 대마도 인근까지 내려가서 잡아야 하는 보기 힘든 어종. 최대 1천m 아래에서도 살 수 있어 심해어로 분류(양식이 되지 않아 자연산으로만 거래되는 어종).
- 1kg 최소 10~15만 원 정도로 비싸고, 잘 죽기 때문에 취급하는 식당이 많지 않은 편.
- 쫀득한 식감과 씹을수록 느껴지는 고소함이 일품.
- 11월부터 4월까지가 제철.

이 맛있는 걸 이제야 알았다니…!
우리 빼고 다 먹고 있었나 봐!

## 네 번째 길바닥

# 전라도

여수시  담양군

광주광역시  고창군

나주시  전주시

무안군

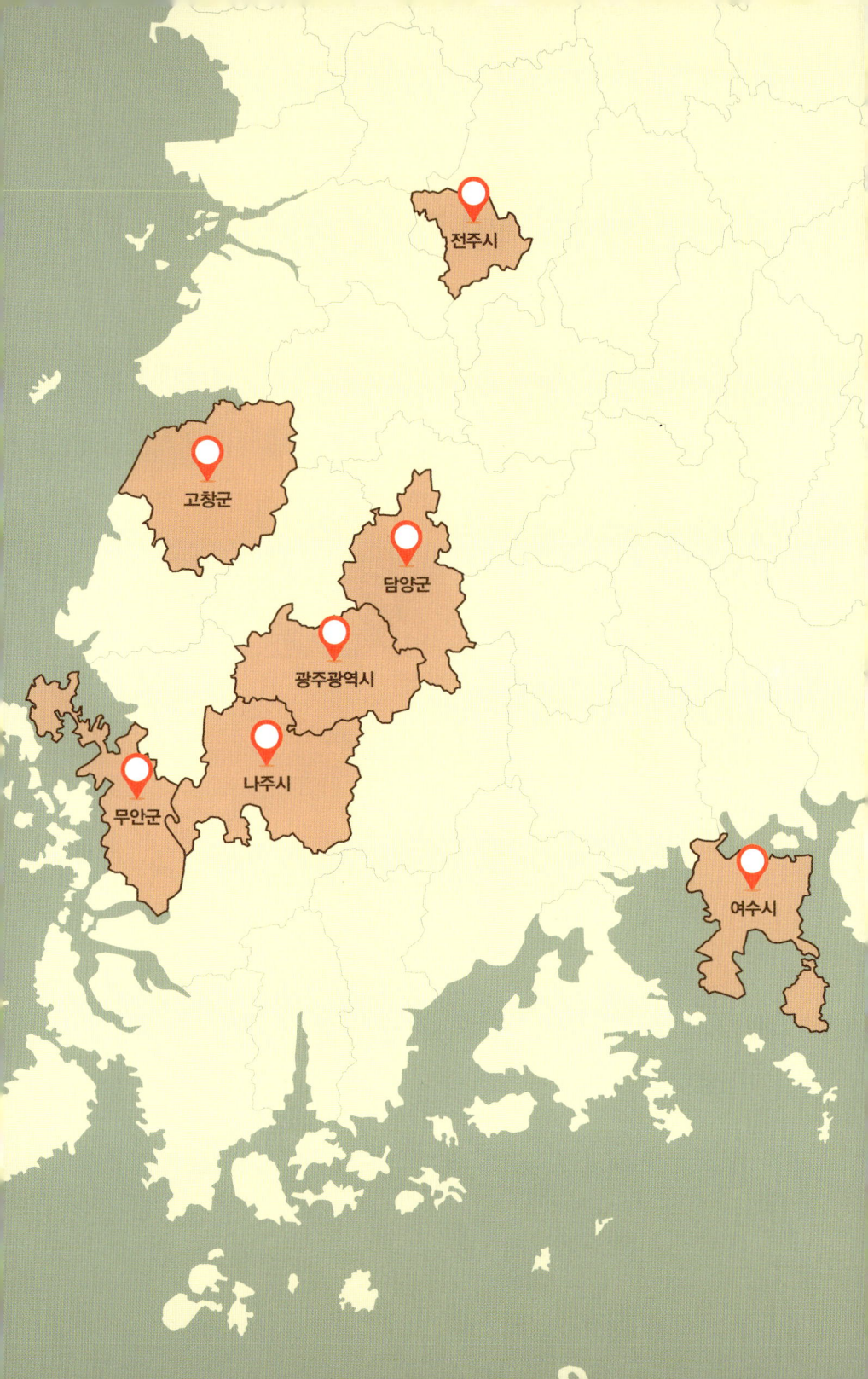

네 번째 길바닥 전라도 "여수시"

# 백반 한 상

📍 **명품맛집**

| | |
|---|---|
| 주소 | 전남 여수시 동문로 129-1 |
| 운영 시간 | 매일 08:00~20:00 / 15:00~17:00 브레이크타임<br>19:40 라스트오더 |
| 찾아 가기 | 여수엑스포역 도보 약 5분 |

예로부터 땅과 바다, 산 자연환경 삼박자를 고루 갖추어 풍성한 먹거리가 넘쳐났다는 전라도! '음식은 역시 전라도지!'라는 말이 나올 정도로 질 좋은 재료로 만든 음식들이 발달해 한국을 대표하는 맛의 고장이다. 이번 먹트립은 철저하게 맛있는 음식 위주! 동선 무시 무계획이다! 맛따라 떠나는 전라도 먹트립 첫 번째 도시는 바로 낭만과 맛의 도시 전라남도 여수시! 낭만 가득, 입소문 난 먹거리가 가득한 여수. 그러나 먹브로의 낭만은 색다르다! 전 국민이 다 아는 곳은 NO! 손님이 있든 말든 NO 상관! 목표는 오직 맛.집.발.굴. 무계획이 선사하고 새로 쓰는 여수 맛 지도. 처음 경험해 보는 맛이 가득한 여수에서 맛의 명품을 찾아라!

여수 첫 번째 먹트립은 전라도의 진정한 맛 "백반 한 상"! 이른 아침인 탓에 손님은 없지만 기대와 의심을 안고 식당 입성! 갑작스러운 먹브로의 방문에 놀란 사장님은 기본 백반 2인분을 준비해 주신다. 맛집의 법칙 제1장 "메뉴 개수는 맛과 반비례한다."는데… 메뉴가 많

은 이곳에서의 첫 끼는 성공적일까?

　의심도 잠시! 간장게장, 애호박볶음, 목이버섯볶음, 꼬막무침, 달래무침, 갓김치, 갈치속젓 등 계절 따라 바뀌는 기본 반찬만 무려 17가지! 반찬만 봐도 밥 한 그릇이 모자랄 한 상이 뚝딱 차려졌다. 음식 장사 내공만 무려 20년이 넘는 사장님의 손맛이 가득 담긴 기본 반찬 한입에 말해 뭐해~ 그야말로 번지수 제대로 찾은 명품 인정! 이어서 오늘의 메인, 제육볶음 등장이랑께~ 직장인들의 선호 음식 1위이자 백반 하면 두말하면 입만 아픈 최고의 메뉴!

　보기엔 흔한 제육볶음이지만 味친 담백함이 입안에 가득 채워진다. 맛의 비법은 된장 넣고 삶아 새로 씻어 기름을 쫙 빼고 다시 요리하

는 것! 전라도는 양념이 세다는 편견은 이제 그만! 짜지 않게 요리하는 전라도만의 비법도 있다는 점!

  다음 요리는 집밥처럼 투박하게 담아내어진 집밥 반찬의 정석 '고등어찜'이다. 빨간 양념 속 숨어 있는 새하얀 고등어 속살 한 입하니, 반찬 중 소홀한 건 하나도 없다는 정성이 느껴진다. 그리고 백반집에서 발견한 숨은 진주, 바로 여수 하면 1등으로 생각나는 '간장게장'! 기본 반찬으로 나오는데 짜지 않고 은은하게 입맛을 당기는 게 명품이 따로 없다. 꽉 찬 게살을 영혼까지 모아 꾹꾹 눌러 한입에 쏘옥! 여기에 아침부터 입맛 돌게 하는 양념게장까지! 속살을 꾹 눌러 즉석 양념게장 주먹밥을 해 먹는 현무. 입에서 시작해 온몸에 번지는 전율이 황홀하다. 마무리는 빠질 수 없는 게딱지 밥! 양념을 머금은 밥알의 촉촉함이 마음까지 홀려버리는 맛이다. 역시 클래스가 다른 여수의 게장. "진짜 여수 백반은 이거지라~"

여수에 관광 온 손님들이 여수 와서 비싸고 맛없는 음식을 먹었는데, 여기 와서 먹고 마음이 풀려서 다시 또 오고 싶다는 말을 들을 때, 그때 기분이 최고 좋다는 사장님. 가성비 좋은 가격에 맛있는 한 끼를 위한 사장님의 정성이 가득 들어가 집밥이 생각나는 푸짐한 한 상! 무계획이 이끈 곳에서 인생 게장을 만나고, 가볍게 시작하려던 한 끼가 마음까지 든든하게 채워주었다. 여수 백반 한번 잡숴보쇼잉~

---

첫 번째 맛집 소감
**"간장게장 집 여기보다 맛있는 데 갈 수 있을까?
여기 오길 잘했다."**

### 여수를 대표하는 밥상

- **남도 밥상**
  남도의 인심을 밥상에서 난다고 할 정도로 푸짐하고 정갈하다. 어느 식당을 찾아가도 상다리가 휘어질 정도의 다양한 밑반찬을 즐길 수 있다.

- **게장 백반**
  빠지면 섭섭한 여수의 대표 음식으로 보통 '돌게'로 만들며, 값이 싸고 흔하게 먹을 수 있지만 작은 몸집에 꽉 찬 감칠맛은 꽃게에 뒤처지지 않는다.

- **갓김치**
  여수 특유의 따뜻한 기후와 비옥한 토양 덕분에 최고의 갓을 재배할 수 있게 됐다. 이 때문에 돌산 갓김치는 자연스레 여수 지역을 대표하는 음식이 됐다.

### 현지인이 말하는 여수 10味

1미 돌산갓김치, 2미 게장백반, 3미 서대회, 4미 여수한정식, 5미 갯장어회 샤브샤브, 6미 굴구이, 7미 장어구이와 탕, 8미 갈치조림, 9미 새조개 샤브샤브, 10미 전어회와 구이

네 번째 길바닥 전라도 "여수시"

# 해수욕장 앞 슈퍼 라면

## 📍 무등이네 슈퍼

| | |
|---|---|
| 주소 | 전남 여수시 만흥3길 35 |
| 운영 시간 | - |
| 찾아 가기 | 만성리 검은 모래 해변 앞 |

인생 최고의 백반으로 첫 끼를 성공적으로 마친 먹브로! 다음은 어디가 좋을까 고민하다가 사장님에게 추천받아 찾아간 곳은 여수의 해수욕장이다. 여수 토박이들의 명소라는 국내 유일 검은 모래 해변이 펼쳐져 있는 '만성리 검은 모래 해변'! 여수엑스포역에서 해안도로를 따라가다 보면 도착하는 이곳의 모래는 혈액순환을 도와 매년 봄쯤 모래찜질 행사가 열리기도 한다.

예스러움을 그대로 간직한 해변 앞 조그마한 가게들이 모여 있는 이곳. 옛 정취가 느껴지는 빛바랜 간판들까지, 투박해서 더 멋진 작은 바닷가 마을. 오전 9시 사람 한 명 없는 검은 모래 해변을 걷는 현무와 준빈. 이것이 무계획의 참맛이다!

백반 골목과 다르게 슈퍼 골목이 즐비한 해수욕장. 겉은 슈퍼지만 안은 서대회, 라면, 백숙 등 갖은 음식을 판매하는 메뉴판들이 눈에 띈다. 그중 50년 넘게 라면만 끓여온 여수에서 가장 오래된 슈퍼가 있다! 라면 두 그릇을 주문하고 슈퍼에서 나와 열다섯 걸음만 가면,

눈앞에 펼쳐진 검은 모래 해변 경치에 마음부터 배부른 듯한 평상에 자리를 잡는다. 마치 여수 바다 전세 낸듯한 기분에 '남자 둘'은 낯간지럽지만, '우리 둘'이라면 퍽 즐겁다. 과연 바다뷰를 눈에 담으며 50년이 넘는 경력의 장인이 끓여준 라면 맛은 어떨까?

한 자리에서 50년 넘게 장사하며 지금은 몸이 성치 못해 라면밖에 못 하지만, 50년 넘게 끓여온 라면의 맛은 변하지 않았을 거라 장담한다! 할매의 손맛이 가득하게 라면을 공기와 마찰시킨 다음 구수한 냄새를 참을 수 없을 때! 그때가 바로 호로록할 시간! 그리고 라면의 영원한 짝꿍인 김치는 나주 배를 갈아서 직접 담가 더욱 시원하다.

"그래, 이 맛이야~"

열 맛집 안 부러운 해변 뷰 라면 한 그릇! 그리고 허를 찌르는 김치 맛이 완벽한 궁합을 이룬다. 김치만 먹어도 아는 대단한 손맛이 느껴진다. 미각을 일깨우는 톡 쏘는 맛, 예상치 못한 곳에서 김치 고수를 만났다! 시판 김치 용납 못 하는 맛의 도시, 이것이 여수의 클래스다!

뻥 뚫린 바다를 보며 맛있는 라면과 김치를 먹을 수 있다니, 신선놀음이 따로 없구먼~ 시원한 나무 그늘 평상에 앉아, 소금기 섞인 바닷바람과 구수한 라면 냄새. 여수를 추억하게 할 끝장 조합이지 않을까?

두 번째 맛집 소감
"계획대로 왔다면 이런 뷰 못 봤을지도 몰라…."

### 꼬들파 현무의 컵라면 감자탕 레시피

1. 육개장 컵라면에 물을 붓고
2. 깻잎을 썰어 넣고
3. 들깻가루 솔솔
4. 참기름, 파 넣고 3분간 기다린다.

( 여수 만성리 검은 모래 해변 특징 )

- 국내 유일의 검은 모래사장. 백사장에 깔린 검은 모레는 원적외선의 방사열이 높아 모세혈관을 확장해 혈액순환을 돕는다고 알려져 있다.
- 모래에 철 성분이 많이 함유되어 있어 모래가 검은빛을 띤다.
- 1930년에 개장한 길이 540m, 폭 25m 정도의 백사장.
- 관광객들에게 많이 알려지지 않아 조용하고 한적한 편이다.
- 음력 4월 20일은 '검은 모래 눈 뜨는 날'이라는 민간 풍습이 있어 모래찜질하러 사람들이 모여든다고 한다.

네 번째 길바닥 전라도 "여수시"

# 붕장어 한 상

## 📍 산골식당

| | |
|---|---|
| 주소 | 전남 여수시 봉산1로 24 |
| 운영 시간 | 매일 08:00~22:00 / 라스트오더 21:00 |
| 찾아 가기 | 여수 돌산대교 가기 전 봉산동 마늘시장 바로 옆. 여수터미널에서 차로 약 15분 소요 |

여수에 오면 꼭 먹어야 하는 음식! 여수 10미 중 하나이자 보양식의 황제 '장어'다. 얼마 전 여수에서 줄 서서 먹을 정도로 맛있다는 집에 갔지만 실망했던 기억이 있는 준빈. 여수에서 맛없는 장어라니…. 그런 준빈을 위해 현무가 나섰다!

36년째 2대가 운영 중인 여수에서 가장 오래된 장어 전문점인 〈산골식당〉. 다른 메뉴는 없다. 오직 붕장어를 사용한 구이와 탕으로만 승부한다! 18도의 암반 청정 해수를 사용해 바다에서 온 장어의 신선도를 그대로 유지하고, 장어의 부드러운 감칠맛을 그대로 느낄 수 있다. 바다를 담은 육즙과 고소한 기름이 자글자글~ 소금구이와 붉은 양념을 입은 매콤달콤한 양념구이가 이곳의 시그니처다. 거기에 진하고 맑은 국물에 통통한 장어살을 그대로 넣은 장어탕으로 보양 에너지 뿜뿜! 여수 시민의 시그니처라 할 정도로 지역 도지사부터 기관장 등 많은 인사가 방문하는 로컬 찐 맛집이다. 직접 담근 밑반찬부터 구이며 탕까지 사장님 손길을 거쳐야 손님상에 내어지는 붕장어 한 상,

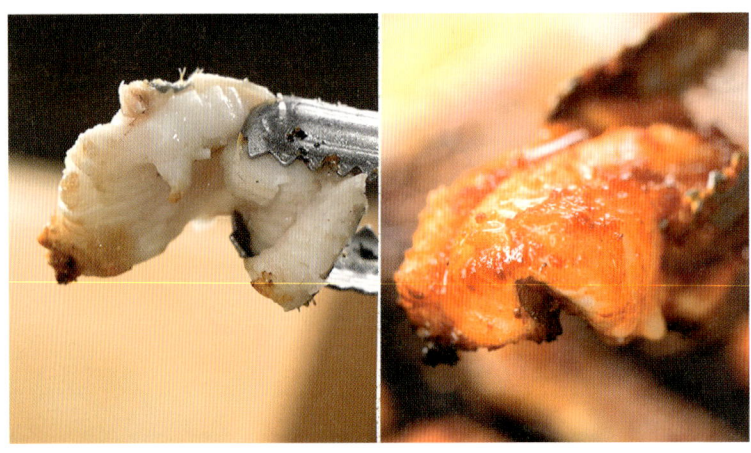

고민 없이 전부 주문해서 먹어보자~!

　어디를 가나 밑반찬부터 푸짐한 전라도 밥상! 여수 밥상에서 1인 1 게장은 기본! 밑반찬만으로 벌써 상 위는 만석이다. 그런데 사람은 둘인데 왜 4인상이지?! 현무가 초대한 광주 출신 재력가(?) 특급 게스트, 전설의 메이저리거이자 현재는 요식업에 종사하고 있는 방송인 '김병현'과 예쁜 얼굴과 거침없는 모습으로 사랑받는 장성 과수원 후계자(?) 배우 '고은아'다. 만나자마자 터져 나오는 구수한 사투리가 밥상처럼 정겹다. 데면데면하지만 한국 사람은 밥 먹으며 친해지는 법! 보양 가득 붕장어 한 상과 친해지길 바라!

　양념구이 전 장어 본연의 맛에 집중하기 위해 소금구이 등장이요~

숯불 위에 힘차게 살아 움직이는 장어의 힘! 이 집의 소금구이는 특별하다고 한다. 원래 자체가 짭짤한 바닷장어라 소금 없이도 간이 맞아 달궈진 숯불 위에서 한껏 속살을 움츠리면 껍질이 바싹하게 잘 익었다는 증거다! 속살이 포슬포슬~ 기름은 자글자글~ 두툼한 살점이 주는 꽉 찬 만족감과 입안에 들어가자마자 녹아버리는 풍미! 소금구이 장어는 간장게장 간장에 찍어 먹으면 더욱 맛있다는 사장님 먹팁까지!

현무의 예리한 미각으로 비교해 본 결과, 간장게장 간장이 훨씬 맛있다! 입에 넣기 전에 '음미'하고 씹는 순간 '환희'가 느껴지면 '인정'할 수밖에 없는 맛! 어느새 장어 맛에 푹 빠진 네 사람! 그들 앞에 이

장어를 갈지 않고 통째로 넣어 끓이는 게 장어탕의 포인트!

어지는 다음 선수는, 매콤달콤한 양념구이! 새하얀 속살 위로 36년 전통의 빨간 특제 양념 마사지 후 뜨겁게 달궈진 숯불 위로 올리면, 달콤하고 고소한 냄새에 혼미해지는 정신! 입안에서 펼쳐지는 부드러운 감칠맛 폭발의 장어 파티에 젓가락을 놓을 수가 없다.

그리고 이 집에서 또 빼놓을 수 없는 36년 내공의 장어탕! 오직 장어 머리와 뼈만 넣고 4시간 동안 고아낸 육수를 사용한다. 장어를 갈지 않고 장어 살을 통째로 넣는 게 이곳의 비법! 이렇게 하면 걸쭉하지 않고 맑은 국물을 맛볼 수 있다. 조금은 낯선 비주얼의 탕이지만, 장어 먹는 재미는 그대로 즐길 수 있다. 한 숟갈 떠먹어보면, 진한 향은 기본, 느끼함 없이 깔끔한 국물! 그야말로 취향저격이 따로 없다. 전라도 사람도 여수에 와야 접할 수 있는 진국이다. 보들보들 봄바람처럼 반가운 장어구이와 얼어붙은 날씨에 움츠러든 기운 돋아주는 장어탕! 여러분도 촉촉 바삭 장어구이 한 판과 장어탕 한 그릇, 어떠세요?

---

**세 번째 맛집 소감**
**"음미와 환희와 인정이 절로 되는,
언제 먹어도 맛있는 여수 대표 보양식이야!"**

## 민물장어와 바닷장어 차이

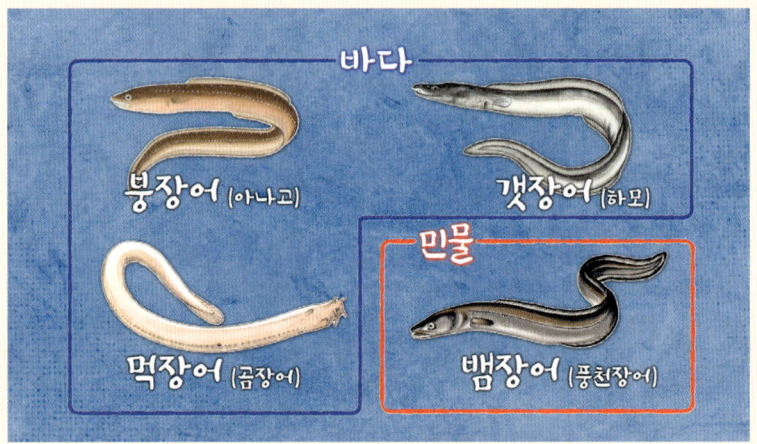

- '곰장어'라고 불리는 먹장어는 바닷물고기로, 씹을수록 은은한 단맛과 쫄깃한 맛이 일품이다.
- 이빨이 매우 날카로워 '개장어'라 불리던 것에서 유래한 이름의 '갯장어'도 바닷물고기다. '하모'라고도 불리는 여수의 명물이며, 샤부샤부로 즐기는 편이다.
- 붕장어는 '아나고'라고도 하며 바다에서 생활해 '바닷장어'라고도 불린다. 담백질 함유량이 많아 주로 뼈째로 먹는 붕장어회가 유명하다.
- 국내에서 '풍천장어'로 유명한 뱀장어는 바다에서 태어나 강에서 자라는 민물고기로, 부드럽고 담백한 맛이 특징이다.

## 여수 장어 특징

- 여수 장어가 유명한 이유는, 사시사철 3면의 바다 모두에서 잡히는 붕장어와 달리, 온도에 민감한 '갯장어' 때문이다. 갯장어는 보통 여름과 남해에서만 잡힌다.
- 우리나라에서 갯장어가 그나마 잘 잡히는 지역은 고성, 고흥, 여수다.
- 통발로 잡는 붕장어와 달리, 갯장어는 낚시로만 잡을 수 있으며 양식이 되지 않아 잡히는 양도 적고, 시기가 한정되어 있어 귀하다.

### 붕장어 특징

- 우리나라에서는 뱀을 닮은 모습 때문에 잘 먹지 않다가 일제강점기 때 붕장어를 즐겨 먹는 일본인들의 영향으로 식용하기 시작한 것으로 추정된다.
- 지역에 따라 붕어지, 꾀장어, 뱅찬 등으로 불리며, 일본식 명칭인 '아나고'라고도 한다.
- 번식기를 제외하면 쭉 민물에서 생활하는 뱀장어와 달리 붕장어는 바다에서만 생활하기 때문에 시중에서 '바닷장어'라고 부르기도 한다.

네 번째 길바닥 전라도 "여수시"

# 서대회무침 × 막걸리

## 📍 백년도가식당 (낭도 젖샘 막걸리)

| | |
|---|---|
| **주소** | 전남 여수시 화정면 여산4길 5-2 100년도가식당 |
| **운영 시간** | 화~일 11:00~15:30 / 라스트오더 15:30 |
| | 매주 월요일 정기휴무 |
| **찾아 가기** | 여수 낭도 새마을 구판장 바로 앞 골목 10m |

낭만의 도시 여수에는 섬의 모습이 여우를 닮았다고 해서 이리 낭(狼)자를 써 '낭도'라 불리는, 남도의 옥빛 바다와 수려한 산을 품은 섬이 있다. 원래 배를 타야만 갈 수 있던 섬이었지만 낭도대교가 개통되며 이동이 편리해졌다. 또한 둘레길과 트레킹 코스가 유명해 전국 백패커들의 트레킹 성지로도 유명하며, 마을 곳곳 외벽에는 그림이 그려져 밝은 분위기를 자아낸다.

그리고 이곳에는 그 옛날 주전자 들고 가서 막걸리를 받아오던 추억의 양조장이 있다! 135년 전통의 5대째 이어가는 역사를 자랑하는 명품 막걸리 양조장 '젖샘 막걸리'! 화산 지형이라 물이 귀한 낭도에는 7개의 샘이 있는데, 그중 하나가 바로 '젖샘'! 젖샘은 과거 산모가 젖이 부족할 때 이 물로 씻으면 젖이 나왔다고 해서 '젖샘'으로 불리게 됐다. 따라서 이 샘물을 이용해 막걸리를 만들어 '젖샘 막걸리'라고 부르게 됐다.

전통 방식 그대로 빚는 것을 고집하며 숨 쉬는 독에서 일주일간 발효시켜 만들어지는 진짜 막걸리의 맛을 맛볼 수 있다고 한다. 택배 NO! 인터넷 판매 NO! 오직 이곳에서만 맛볼 수 있고, 독 하나당 600통밖에 안 나오는 귀한 맛! 이 때문에 낭도를 찾는 사람들이 발길이 끊이지 않아 섬에 활기와 경제가 살아나고 있다. 이것이 바로 사장님이 오직 낭도에서만 판매를 고집하는 이유다.

낭도에서 나는 천연 암반수와 50대 50 비율의 국내산 쌀과 밀가루로 만들고 일반 막걸리보다 누룩을 많이 넣어 달지 않고 깊은맛이 난다. 또 탄산 없는 막걸리로 깔끔한 목 넘김이 예술이며 도수는 6~7도다. 정성으로 빚어야만 완성되는 우리의 술. 옛 맛 그대로의 우리 전통주를 위해 사장님은 지금까지 집안 대대로 내려오는 비법을 고수하고 있다. 마침 오늘은 술 빚는 날! 사장님, 젖샘 막걸리 주세요~

 운치 있는 전통가옥 마룻바닥에 앉아 사장님이 내어주신 막걸리 등장! 신나게 뒤집고 흔들다 보면 은은하게 변하는 뽀얀 빛깔! 탄산이 없어 터짐 없으므로 곧장 주전자에 부어 먹어야 제맛! 채워지는 주전자를 보니 부자가 된 듯 마음까지 풍족해진다. 계획은 없지만 낭만은 가득하고, 전통 속에 있으니 운치도 절경이다. 막걸리 한 모금에 모두 탄성이 터지게 하는 맛! 떫은맛 없이 맛도 향도 온화해 기품이 느껴진다. 막걸리가 낯선 준빈이도 젖샘 막걸리는 OK! 이것만으로도 낭도에 가야 할 이유가 충분하다.

 이렇게 귀한 막걸리에 함께 곁들어 먹는 귀한 막걸리 종초(유산균)를 이용해 새콤하게 무친 서대회무침이 별미라고 하는데…?! 접시 넘

치게 담아 내어주시는 서대회무침과 도토리묵, 손두부까지! 군침 도는 막걸리 찰떡궁합 3종 세트가 차려졌다. 이것이 바로 여수의 맛이여~ 서대회 한입에 여수가 통째로 입안에 들어오고, 흥을 돋우는 상큼한 신맛과 쫄깃한 식감이 그야말로 막걸리 안주 최고봉이다! 한껏 맛에 심취한 그때, 무언가를 들고 오시는 사장님? 정체불명의 액체는 바로 서대회무침에 쓰인 막걸리 식초! 옛날에는 집마다 부뚜막에 한 병씩 있었을 정도였다. 그런데 식초가 '요물'이라고라?! 막걸리 식초의 유산균(종초: 대대로 내려오는 막걸리 유산균)을 관리해 주지 않으면 죽어버리기 때문이라는 것! 맨눈으로 유산균이 살아 움직이는 게 보이니 요물이 맞구나! 살아있는 유산균의 맛은? 풍미가 좋고 좀 더 새콤한 오리엔탈 드레싱 맛! 건강식으로 마셔도 좋을 정도로, 이곳 모든 음식에 이 막걸리 식초가 들어간다.

음식 하나 허투루 내지 않는 고집스러움. 마치 조선시대 주막에 온 듯한 기분. 최고의 안주는 낭도의 정취를 더욱 짙게 느껴지게 한다.

**네 번째 맛집 소감**
**"지금까지 먹었던 막걸리와는 차원이 달라!"**

### 서대 특징

- 생김새가 소의 혓바닥과 같다 하여 '설어(舌魚)'라고도 불리던 물고기로, 영어 명칭 또한 'tongue fish(혀 물고기)', 'tongue sole(혀 가자미)'로 불린다.
- 여수를 비롯한 남해안에서 잡히는 물고기로 수심 70m 이내 모래가 섞인 갯벌에 서식한다.
- 몸은 납작하고 눈은 몰렸으며 담백하고 부드러운 맛이 특징인 여수의 특산물로, 여수 제사상에도 올라갈 정도로 대표적인 별미로 손꼽힌다.
- '시집간 딸에게 서대를 보내면, 그 맛 때문에 친정에 자주 들른다', '서대가 엎드려 있는 갯벌도 맛있다'라는 말이 있을 정도로 사랑받는 물고기다.

### 여수에서 맛볼 수 있는 막걸리

- **개도 막걸리**
  개도 화산마을에서 만들어지는 막걸리로 조선시대부터 전해져 내려왔다고 알려져 있다. 도수는 5도. 은은한 단맛이 있으며, 호불호 없이 마실 수 있는 대중적인 맛이 특징이며, '미우새' 임원희 막걸리로 더 유명해졌다.

- **율촌 막걸리**
  생막걸리 판매하는 소규모 로컬 주조장이다. 도수는 6도. 보통 막걸리는 시큼한 편에 비해 율촌 막걸리는 동동주에 가까운 단맛이 강하며, 식혜처럼 쌀알이 떠 있으며 뒷맛이 깔끔한 것이 특징이다. 이곳은 병이 아닌 생수통, 말통으로만 판매하며, 직접 받아 가야 한다.

- **여수 생막걸리**
  70년 전통 3대를 이어온 여수의 유명 생막걸리. 여수에서 가장 쉽게 접할 수 있는 막걸리다. 도수는 6도. 탄산이 새어 나오는 것이 특징이며, 걸쭉하고 진하고 묵직한 맛이다.

- **여수 거문도 해풍쑥 생막걸리**
  거문도 유명 특산물인 해풍 맞고 자란 쑥을 첨가하여 빚는 막걸리다. 도수는 6도. 색과 향 모두 향긋한 쑥이 느껴지며, 달달함과 청량감이 있다.

## 전국의 유명한 막걸리

- **서울 – 나루 생막걸리**(고은아 최애)
  서울 지역 특산품인 경복궁 쌀로 빚은 생막걸리로 감미료를 넣지 않은 막걸리로, 탄산 없이 깔끔하고 부드러운 맛이며 힙한 패키징으로 2030에게 인기다.

- **서울 – 장수 막걸리**
  단맛, 쓴맛, 신맛이 조화를 이룬 가장 대중적인 맛으로, 강한 탄산과 청량감이 특징이며 침전물이 거의 없다.

- **전남 해남 – 해창 막걸리**
  최근 가장 핫한 막걸리! 해남 유기농 찹쌀, 멥쌀, 누룩만으로 빚는 막걸리로 원재료의 감칠맛과 향이 살아있다. 9도, 12도, 18도 세 종류가 있으며 18도는 일명 '롤스로이스 막걸리'로 불리며, 미식 만화가 허영만이 라벨에 1920년대 롤스로이스를 그려 넣었다. 찹쌀 특유의 달콤한 맛과 요거트처럼 부드러운 맛이 특징이다.

- **경기도 포천 – 이동 막걸리**
  백운계곡의 천연 암반수 사용해 빚는 막걸리다. 독특하게 누룩을 밀로 만들어서 사용해 뒷맛이 깔끔한 게 특징이다.

- **부산 – 생탁 막걸리**
  부산 및 경남지역에서 독보적인 지지를 받는 막걸리다. 대중적인 맛을 자랑하며 서울의 장수 막걸리와 더불어 입문자용 막걸리로 알려져 있다.

- **강원도 평창 – 봉평 메밀 막걸리**
  메밀꽃을 넣어 만들어 은은한 메밀꽃 향이 나는 것이 특징이다. 단맛은 적고 약간의 산미가 도는 막걸리로 가볍게 즐길 수 있다.

- **강화도 – 인삼 막걸리**
  강화도 지역에는 인삼을 재료로 하는 막걸리가 활발하게 유통되고 있다. 뚜껑을 열자마자 진하게 느껴지는 인삼 향이 특징이며 인삼과 대추 건더기가 들어가 있다.

- **충남 공주 – 알밤 막걸리**
  알이 굵고 육질이 좋으며 단맛이 강한 품종을 사용하며, 탄산과 산미는 강하지 않으며 꾸덕하고 진한 단맛이 특징이다. 젊은 사람들에게 인기가 많은 막걸리!

- **제주도 우도 – 땅콩 막걸리**
  우도 특산물인 땅콩으로 만드는 막걸리로 제주도 최초 지역 특산주다. 향이 진하고 당도는 낮으며 땅콩 색이 스며들어 옅은 갈색을 띠는 게 특징이다.

네 번째 길바닥 전라도 "여수시"

# 옛날 햄버거 분식 한 상

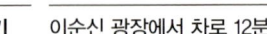 **미평햄버거**

| | |
|---|---|
| 주소 | 전남 여수시 미평로 44 1-3호 |
| 운영 시간 | 월~토 11:00~01:00 |
| | 매주 일요일 정기휴무 |
| 찾아 가기 | 이순신 광장에서 차로 12분 |

풍부한 먹거리 도시 여수에는 소문난 디저트도 있다는 사실! 여수 서시장에 소문난 43년 전통의 '떡'과 추억을 가득 담은 옛날 '햄버거'로 건물을 세운 맛집! 로컬 맛집 탐방 각자 취향대로 즐겨보자!

먼저 햄버거를 픽한 [현무&병현]을 따라가 보자. 1996년부터 영업을 시작한 이곳은 야식의 성지라 불리는 여수 전설의 햄버거집 〈미평햄버거〉다. 햄버거부터 김밥, 라면, 순대, 떡볶이 등 지금까지 이런 맛집은 없었다. 여기는 버거집인가, 분식집인가?! 햄버거로 건물을 세운 여수의 시민 갑부 사장님이 여수 토박이들의 야식을 책임지는 곳. 어린아이부터 나이 드신 분까지 주무시다가도 잠옷 바람으로 와서 드시고 간다는 이곳은, 사장님의 노력과 열정의 결과물이다.

특히 사장님은 낮에는 자고 밤에 활동하는 사람이 많아지면서 한 끼 식사부터 야식까지 책임지기 위해 밤에도 불을 밝히고 계신다. 야간 근무하다가 간단히 요기하기도 좋고, 늦은 시간까지 공부하다가 허기진 배를 채우기에도 좋은 곳이다. 먹을 게 많으니 선택 장애 발

동! 햄버거는 기본에 샌드위치, 가락국수, 떡볶이, 누룽지 셰이크까지 주문이요~

겉면을 살짝 익힌 빵 위에 곱게 구워진 소고기&야채 패티와 햄, 그리고 옛날식 양배추샐러드에 달걀부침을 얹으면 화룡점정! 옛날 감성 그대로! 코로 먼저 먹는 햄버거의 첫인상은 '구수하다'! 한입 가득 베어 물면 혀끝이 기억하는 추억의 고소함이 입안 가득! 옛날식 버거의 근본인 고소한 마가린의 풍미가 솔솔 올라온다. 미국 스타일의 육즙 가득한 요즘 수제버거에서는 느껴볼 수 없는 담백함까지 맛도 추억도 두 배다.

이곳의 또 다른 색다름, 바로 누룽지 셰이크! 쭉 들이킨 한 모금에 "사장님, 이건 특허 내시죠!"를 외치는 현무. 신선한 우유에 고소한 누룽지 한 주먹을 넣어 갈아 만든 이곳만의 시그니처 메뉴다. 물릴 수 있는 옛날 햄버거와 딱 어울리는 고소함! 미국 햄버거에 밀크 셰이크가 있다면, 여수에는 미평 햄버거와 누룽지 셰이크가 있다! 수천 번

의 고민 탄생한 여수에만 있는 환상 조합!

다음 타자, 햄버거와 완전히 다르지만 추억을 부르는 샌드위치! 달걀부침과 양배추샐러드가 가득 들어가 감탄사가 절로 나온다. 재료는 비슷하지만 설탕이 추가되어 달콤함이 느껴진다.

우동보다 얇은 중면 굵기의 가락국수는 옛날 휴게소에서 먹던 가락국수 맛과 흡사하다. 적당한 매콤함에 김가루 송송 띄운 옛날 가락국수 맛. 그리고 다시 찾아갔지만 없어진, 그리운 학교 앞 떡볶이집이 생각나게 하는 기억 저편에 남겨진 그때 그 맛 떡볶이까지! 아는 맛이 더 무섭다. 아는 맛이 불러온 향수. 현무와 병현이 기억하는 그 시절이 떠오르게 하는 추억 맛집 천국! 메뉴가 많다고 걱정하지 마라. 이것이 코리안 스타일 패스트푸드다!

> **다섯 번째 맛집 소감**
> **"그리워서 다시 찾아갔는데 없어져서 못 먹었어.
> 그런데 그 맛을 여수에 와서 먹네~"**

네 번째 길바닥 전라도 "여수시"

# 늙은 호박 시루떡

## 📍 주부떡집

| | |
|---|---|
| 주소 | 전남 여수시 서교4길 9 |
| 운영 시간 | 새벽부터 열고 시장 마감 시간과 비슷하게 마감 |
| 찾아 가기 | 여수 서시장 324번 간판 |

다음 찾아갈 곳은 [준빈&은아]가 찾아간 100년 전통 여수 서시장에서 제일 오래된 떡집, 〈주부떡집〉이다. 순천에서 공수해 온 늙은 호박으로 매일 새벽 2시부터 정성을 다해 찌기 시작한, 서시장의 명물 간식 '늙은 호박 시루떡'! 전라도 향토 음식인 '늙은 호박 시루떡'은 말린 호박 '호박고지'를 쌀가루와 섞어 팥고물을 켜켜이 쌓아 쪄낸 것이다. 곡물가루와 어떤 부재료를 섞느냐에 따라 또는 만드는 방법에 따라 여러 종류가 있다. 여수 토박이 사장님이 노점상에서 떡 장사를 시작해 43년 넘도록 떡만 만들어온 떡 외길 인생을 맛보자!

서울에서도 입소문이 자자한 여수의 맛이 담긴 특별한 떡! 방금 시루에서 뜨거운 김과 함께 리듬을 탔던 늙은 호박 시루떡 대공개! 갓

쪄내 뜨끈뜨끈한 시루떡 한입 베어 무니 감탄 연발! 존재감 분명한 늙은 호박이 자아낸 천연 단맛에 마음까지 푸근해진다.

   결혼 후 남편의 사업 실패로 생계를 위해 시작한 떡 장사. 당시 친정이 여수에서 제일 큰 방앗간을 운영해서 떡을 만들어 서시장 노점상에서 팔기 시작했다. 그 세월이 벌써 43년. 친정 방앗간에서 자연스레 어깨너머로 떡 만드는 걸 배우고, 어릴 적 어머니가 자주 만들어주시던 호박 시루떡을 만들어 팔게 됐다.

   단호박을 사용하는 다른 곳과 달리 천연 단맛의 늙은 호박을 채 썰어 듬뿍 넣어 1시간 정도 쪄내야 완성되는 '주부떡집'만의 호박 시루떡. 남지 않게 양을 보며 만들고, 혹시 남게 되면 인근 요양병원에 나누기도 하신다. 생계를 위해 시작했지만, 지금은 돈의 이익보다 찾아준 손님들이 우리집 떡이 제일 맛있다고 할 때 가장 보람을 느낀다는 사장님. 그 한마디에 의욕이 더 생기고 건강이 허락할 때까지 계속 떡집을 운영해 이 맛을 전하고 싶다.

---

**여섯 번째 맛집 소감**
**"호박의 풍미로 노랗게 물들이다."**

네 번째 길바닥 전라도 "여수시"

# 갈치 코스 요리

## 📍 남진이네 게장갈치명가

| | |
|---|---|
| 주소 | 전남 여수시 봉산1로 49 1층 남진이네게장갈치명가 |
| 운영 시간 | 매일 10:00~21:40 / 브레이크타임 15:00~17:00<br>20:40 라스트오더 |
| 찾아 가기 | 여수 엑스포역에서 10분 / 여수 하멜등대에서 10분 |

"여수에 오면 먹어보고 싶었던 게 있어요!"라는 고은아. 그녀의 고향 장성은 내륙이라 해산물이 많지 않아, 바다가 가까운 여수에서 해산물을 먹고 싶다는 것이다. 그중에서도 가족, 친구들이 꼭 '갈치'를 먹으라고 추천했다고 한다. 그래서 찾아간 곳은, 현무와 타 방송에서도 인연이 있는 남진 닮은꼴 모창 가수 '남진이' 대한민국 갈치잡이 명인이 운영하는 집! 갈치는 신선도가 생명! 남해 지역에서만 맛볼 수 있는 특별한 갈치를, 사장님이 먼바다에서 직접 낚시로 잡은 것이 요리되어 손님상에 내어진다. 그리고 대한민국 유일! 뼈 없는 순살 갈치조림까지 맛볼 수 있다.

원래 여수에서 20년이 넘도록 자동차 정비 공장을 운영하다가 정리 후 갈치 낚시를 다녔던 사장님. 이때부터 사장님은 직접 낚시로 잡은 갈치로만 요리를 하기 시작했다. 갈치잡이 명인 신뢰도가 상승하니 그 맛이 더욱 궁금해지는 먹브로와 병현, 은아! "아야 코스 요리로 준비해라잉~" 구수한 여수 사투리로 주문이 들어가고, 무언가를 가

져오시는 사장님? 그것은 바로 10년 전 직접 잡은 길이 1m 97cm 무게 5.7kg의 대왕 갈치! 마치 용을 연상케 하는 대자연의 선물이다. 여름에 산란기를 맞는 갈치가 봄이면 여수와 진도로 넘어와 겨울까지 다시 살을 찌워 지방 함량이 높아 맛이 더욱 좋다. 반면 여수에서 어획 시기가 지나면 사장님은 통영 거제까지 가서 은빛 갈치를 낚는다.

깊은 수심에 살고 있는 갈치를 잡기 위해서는 야광 낚시바늘에 갈치가 좋아하는 꽁치 미끼를 끼워 사용한다. 낚시줄에 바늘을 여러 개 달아 낚아내는 '채낚기' 방법으로 갈치를 잡는다. 성질 급한 생선 중 하나인 갈치는, 낚시꾼들이나 바닷가 지역 사람들만 먹을 수 있지만 여수에서도 갈치회를 파는 곳은 많지 않다. 접하기 어렵다는 갈치회부터 회무침, 조림, 게장 등 갈치 코스 요리를 즐겨보자!

갈치 뼈와 힘줄을 제거하고 영롱한 빛깔이 그대로 살아있도록 손질하여, 싱싱한 횟감에만 허락되는 갈치회! 혹시나 비린내가 나진 않을까 걱정되지만, 간장을 살짝 찍어 먹는 순간 갈치 본연의 맛에 눈을

뜨게 된다. 그만큼 신선하고 쫀득한 식감과 독특한 감칠맛이 일품이다. 여기에 생강을 곁들이면 그 맛을 더욱 잘 느낄 수 있다.

　느끼하지 않아 물림이 없고 비유할 맛도 없는 독보적인 갈치회! 직접 잡은 갈치만 쓰는 이유 있는 맛집의 철학이 느껴진다. 이어지는 코스, 바로 '갈치회무침'! 여수하면 유명한 서대회무침은 많지만 갈치회무침은 찾아보기 힘들다. 그래서 이 집에서 시도한 갈치회무침. 무채, 당근, 신선한 미나리, 오이 등을 넣고 반짝이는 갈치회와 매콤새콤한 양념으로 함께 무쳐내면 끝! 과감하게 갈치를 접목한 결과, 이곳만의 시그니처가 됐다.

이 갈치회무침에도 사용된 막걸리 식초?! 옛날부터 무침 요리에 꼭 사용된 만큼 막걸리와 갈치회무침은 치명적인 궁합을 자랑한다. 서대회무침이 전라도식 건강한 맛이라면, 갈치회무침은 전라도식 진한 맛! 가시가 없어 더욱 깔끔한 갈치회무침 추가로 여수 맛집 리스트 업데이트 완료!

다음 순서는 유일무이 '순살 갈치조림' 차례! "어떻게 하면 편하게 먹을 수 있을까?" 많은 고민 끝에 탄생한 남진이네만의 하이라이트! 갈치회 전문 식당의 특기를 살리고, 갈치 뼈로 육수를 내어 깊은 바다의 맛으로 탄생한 전무후무한 갈치조림이다. 혹시 잘 으스러질 것 같다고요? 걱정하지 마세요! 횟감 갈치를 길게 포 떠서 꽁꽁 묶어 살이 으스러지지 않게 연구 개발했답니다! 이런 갈치조림… 처음이야!

살살 떠서 갈치 순살을 한입에 쏙! 사장님 아이디어에 한번 놀라고, 맛에 또 한 번 놀라는 맛이다! 입안 가득 순살 갈치 폭탄 투하! 이런

호사가 또 있을까. 가시가 없으니 생선 살을 밥 위에 으깨서 촉촉한 양념을 곁들여 먹으니 풍미가 더 일품이다. 갈치 입문자여, 가시 바르다 생선 살 버리지 말고 이곳으로 오라! 직접 낚시한 갈치로 손수 뼈까지 발라주는 따뜻한 한 상. 여수의 정이 이 한 상에 가득 차려져 있다.

---

일곱 번째 맛집 소감

**"젓가락을 멈출 수가 없네~
난 내가 먹어본 회 중에 제일 맛있는 거 같아."**

### 갈치 특징

- 농어목 갈치과의 바닷물고기. 생김새가 기다란 칼 모양을 하고 있어 예로부터 도어(刀魚) 또는 칼치라고 불렀다.
- 전라도에서는 어린 갈치 새끼를 가리켜 풀치라고도 한다.
- 2월~3월경 제주도 서쪽 바다에서 겨울을 보내다가, 4월경 북쪽으로 무리를 지어 이동하여, 여름에는 남해와 서해, 중국 근처의 연안에 머무르며 알을 낳기 시작한다.
- 6월~7월 산란을 마친 갈치가 다시 살을 찌우는 9월~2월에는 지방 함량이 높아 더 맛이 좋다.
- 단백질이 풍부하고 맛이 있어 인기가 좋으며 시장에서도 어렵지 않게 구할 수 있다.
- 싱싱한 갈치는 회로 먹고, 갈치조림이나 갈치찌개, 갈칫국, 갈치구이 등으로 조리해 먹는다.

### 여수 갈치 특징

- 갈치는 봄에 산란을 위해 여수와 진도 부근으로 모인다.
- 6월~7월 산란을 마치고 다시 먹이활동을 하며 살을 찌우는데, 가을부터 겨울까지 지방 함량이 높아 더 맛있다!
- 여수 해역은 수심이 깊고 물결이 상대적으로 잔잔하다. 갈치가 번식하고 자라기에 적절한 환경!

### 은갈치 vs 먹갈치

- 우리나라에 서식하는 식용 갈치는 단 한 종류뿐! 표준명 '갈치'다.
- 은갈치와 먹갈치로 나뉘는 것은 조업 방식 차이다.

- **은갈치:** 낚시, 주낙, 채낚기로 한 바늘에 한 마리씩 잡기 때문에 은비늘이 그대로 보존되어 있어 은갈치라고 부른다.

- **먹갈치:** 그물로 대량으로 조업해 갈치들끼리 서로 부딪혀 비늘이 벗겨지고 상처가 난다. 시간이 지나면 거무튀튀해져 먹갈치라고 부른다.
- 먹갈치 유명한 산지는 목포와 여수!

네 번째 길바닥 전라도 "광주광역시"

# 애호박국밥(찌개)

## 📍 명화식육식당

| | |
|---|---|
| 주소 | 광주 광산구 평동로 421 |
| 운영 시간 | 월~토 10:00~21:00 / 매주 일요일 정기휴무 |
| 찾아 가기 | 광주송정역 차로 약 15분 |

　전라도 음식에 감탄한 적이 없었다던 준빈! 여수를 시작으로 맛의 고향 전라도 방방곡곡을 돌아다니기 위해 만반의 준비를 했다! 전라도 찐 맛집을 위해 인맥까지 총동원한 현무! 여수에 이은 다음 여정지는 바로 빛고을 '광주광역시'다!

　애호박찌개, 상추 튀김, 송정 떡갈비, 무등산 보리밥, 오리탕 등 전라도 맛의 중심지인 '맛고을 광주'! 광주 근처 영산강에서는 수산물이 잡혀~ 송정오일장에서는 축산물 유통이 활발해 신선한 육류도 있어~ 평야에는 쌀과 애호박 등 농산물도 풍부하니! 그야말로 없는 게 없는 도시다!

　맛고을 광주에서 먹을 음식은 바로 현무가 너무 사랑하는 '애호박찌개'! 여수에 가면 늘 게장이 나오듯 광주가 사랑하는 애호박찌개의 원조 격인 〈명화식육식당〉에 가다! 메뉴는 오직 단 하나, 애호박국밥뿐! 약 55년 전통인 데다 이 집의 맛을 보기 위해 전국에서 사람들이 밀려와 웨이팅은 필수다.

1970년대 오픈한 이곳은 식육식당을 시작으로 1980년대에는 직접 돼지를 길러 팔았으며 현재는 3대가 전통을 이어오는 광주의 대표 맛집 중 하나다. 최고 품질의 애호박과 이틀 동안 냉장 숙성된 신선한 돼지고기, 때깔 좋은 국내산 태양초 고춧가루를 사용해 만든다. 야채 육수에 말린 해조류로 끓인 육수 그리고 고기와 뼈로 우려낸 고기 육수까지 '3대 육수'의 황금 비율로 강력한 붉은빛의 국물을 우려낸다. 식은 밥이 말아져 나오는 국밥 스타일로 밥에 국물이 천천히 배어들게 해서 애호박과 돼지고기를 산더미처럼 푸짐하게 올려 먹는 것이 이 집의 특징!

진한 국물이 잘 스며들어 부드럽게 즐길 수 있는 애호박국밥! 인심까지 두둑이 눌러 담겼다. 엄마가 하던 그대로 이어온 방식으로 따로 주문도, 포장도 불가한 이곳! 밥 추가는 얼마든지 무료! 든든한 밥심,

두둑한 인심. 이것이 바로 맛고을 광주의 정이다.

먹자마자 터지는 감탄! 매운맛 없이 감칠맛이 폭발하는 애호박국밥! 강렬한 첫인상과 달리 담백하고 시원한 맛이 남녀노소 누구나 즐기기에 탁월한 음식이다. 두툼하지만 부드러운 고기에도 국물이 잘 배어 웃음이 절로 나와 행복한 준빈! 빨간 국물 때문에 이 집을 찾는 손님도 많지만, 사실 고기 때문에 오는 손님도 많다. 그만큼 최고의 고기 품질로 사랑받는 이유다. 애호박은 담백하고 돼지고기는 고소하고 국물은 또 얼큰하고~

대를 이어온 깐깐한 안목은 애호박 선정에도 만만치 않다. 애호박

생산량 전국 1위인 전라남도. 좋은 토지 환경 덕에 애호박 품질도 1등급인지라 맛과 식감 모두 일품이다.

여의도에서 먹었던 애호박찌개와 견주어 보자면, 〈남도집〉은 담백하고 건강한 맛! 〈명화식육식당〉은 감칠맛이 폭발하는 맛! 매일 먹어도 질리지 않을 맛이다. 빨간 국물의 대반전, 애호박국밥의 담백한 감동으로 몸도 마음도 뜨끈해진다.

여덟 번째 맛집 소감
**"여기는 식재료 하나하나를 음미해야 해."**

## 광주광역시 식문화 특징

- 일제강점기 이후 발달한 지역이라 광주광역시 자체에서 형성된 오랜 음식문화는 그다지 많지 않은 편이다. 그러나 다양한 전라도 사람들이 몰려 들어와 광주광역시가 형성되었고, 그 결과 근교에 위치한 수많은 전라남도 지역의 각종 산출물로 광주 음식 문화의 정체성이 확립되었다(전남 음식 문화의 총체!).
- 광주광역시는 영산강 유역에 자리하고 있어 민물 수산물의 어획이 가능한 지역이며, 인구 대비 1.6%의 농업 인구가 근교에서 쌀, 애호박, 밀 등의 농특산물을 생산하고 있다. 또한 광주의 송정오일장은 우시장이 있어 쇠고기와 돼지고기 등 축산물 유통이 활발하였을 뿐 아니라 주변 지역에서 생산되는 특산물의 집산지로 불리기도 했다.
- 이러한 환경과 지리적 조건을 가지고 있는 광주광역시는 식재료의 종류와 양이 풍부하고, 계절마다 특색있는 절기 음식을 포함하여 나물류, 젓갈류, 장아찌류, 회 등 조리법도 다양해
- 남도라는 지역 특성상 전체적으로 간이 짜고 매운 편이며 보수적인 입맛으로 인해 토속적 상차림을 기본으로 여김. 이 때문에 광주 지역에서 백반집을 가게 되면 상차림 가짓수가 엄청나다.

## 전라도 음식 특징

- 기름진 호남평야에 위치해 곡식과 여러 가지 해산물·채소 등 재료가 풍부하여, 다른 지방보다 음식의 종류가 많고 많은 정성을 들여서 다양하고 화려한 음식들을 만드는 편이다.
- 예로부터 고을마다 부유한 토반들이 살았기 때문에 집안 대대로 전수되는 맛으로 소문이 나 다른 지방이 따라올 수 없는 풍류와 맛의 전통을 가지고 있다.
- 반찬 가짓수가 많은 상차림이 유명하고, 기후가 따뜻하여 다양한 젓갈을 이용해 감칠맛이 강하며 음식들의 간이 전체적으로 센 편이다.

네 번째 길바닥 전라도 "나주시"

# 나주곰탕 × 소머리 수육

## 📍 노안집

| | |
|---|---|
| 주소 | 전남 나주시 금성관길 1-3 |
| 운영 시간 | 화~일 07:00~20:00 / 매주 월요일 정기휴무 (재료 소진 시 조기마감) |
| 찾아 가기 | 나주 매일시장 입구 앞 시외버스 터미널 도보 8분 |

다음 이동 장소는 '나주'! 아니, 먹거리가 많은 광주에서 애호박국밥만 먹고 끝?! 미식 탐험에 '거리'를 따지지 마라! 곰탕을 먹으러 선을 넘는 먹브로들! 이 먹트립에 곰탕 육수처럼 진한 목소리의 소유자이자 곰탕 러버 가수 '손태진'이 함께 한다! 광주에서 30분이면 가는 나주에서 나주의 이름을 딴 전통 음식, 나주곰탕을 먹어줘야제! 곳곳이 다~ 나주곰탕 집인 나주의 찐 맛집은 어딘고~ 아니, 그런데?! 가는 곳마다 휴무라고라?! 오히려 좋아! 이것이 P들의 무계획 아니겠는가! 그렇다면 현지인들 추천을 받아 가는 것이 바로 '전현무계획'의 길이다. 그렇게 추천받아 찾아간 웨이팅 맛집은 이미 많은 사람이 줄을 선 〈노안집〉! 먹브로와 태진도 웨이팅 후 입성한다.

벼농사를 짓기 위해 소가 많았던 나주. 일제강점기 당시 소고기와 소가죽을 수탈해 가고 남은 소의 부산물을 주워 끓이기 시작한 고깃국에서 나주곰탕의 역사가 시작됐다. 우리의 아픈 역사, 서민의 애환이 담긴 음식이었지만 전화위복해 이제는 나주를 대표하는 음식이 됐다. 진하고 깊은 정성의 맛을 느끼기 위해 선 수육 후 곰탕으로 혀의 자극을 깨워보자!

필요한 것과 버릴 것을 구분해 커다란 소머리에서 수육이 되는 건 극히 일부! 맛있는 부위만 엄선해 투박하게 담아내도 탐스럽게 빛나는 수육. 귀한 손님에게 내는 우설은 잡내 없이 녹아버려 야속할 지경이다. 부드러움은 물론 씹을 때마다 터져 나오는 진한 육향까지 기교를 부리지 않는 담백한 맛이 마치 손태진의 가창과도 같다.

부드러운 수육으로 미각을 깨웠으니 진하고 깊은 정성의 맛, 나주

곰탕으로 속을 뜨끈하게 채워볼까? 오직 질 좋은 한우만을 고집해 3개의 솥을 사용하는 이 집! 1번 솥은 고깃국물만 우리고, 2번 솥은 한 번 걸러낸 고깃국물에 맛을 낸다. 특히 토렴을 하는 3번 솥에는 소금, 마늘, 고춧가루를 넣어 훨씬 시원하고 느끼한 맛을 잡은 국물 맛을 낸다. 토렴한 곰탕에 아롱사태와 소머리 껍질, 우설까지 넣으면 수육 곰탕이. 아롱사태와 양지를 넣어주면 기본 곰탕이 된다. 정성 가득 담긴 국물 한입 싹 해주니 입가에 은은한 미소가 올라온다.

본연의 맛을 느끼고 곰탕에 빠질 수 없는 영혼의 단짝, 바로 김치와 깍두기! 그중에서도 삭은 김치를 얹어 먹으면 감칠맛이 나고 후추 향이 나는데, 곰탕 공격 타임에 김치가 안타를 타악! 날린다. 꽁꽁 숨겨왔던 이 식당만의 김치 비밀이 있기 때문이다. 바로 지하 김치 저장고! 겨울에 김장을 세 번 정도 나눠서 8천 포기 정도를 담가 이 저장

고에 저장해 삭힌다.

맑은 국물이 품은 반전의 육향! 두툼한 살코기를 먹는 재미까지. 어떤 솥에 담아서 어떤 고기를 선택해 어떻게 삶을 것인가. 구수한 서사가 담긴 곰탕 한 그릇의 감동이다.

> **아홉 번째 맛집 소감**
> "이 곰탕을 먹을 수 있어 오늘도 감사하다."

### 나주곰탕 특징

- 곰탕은 경북의 '현풍곰탕', 경남의 '마산곰탕'도 나주곰탕과 함께 유명하다.
- 나주곰탕은 다른 지역에 비해 뼈가 아닌 고기로 국물을 내는 것이 특징으로 고기를 많이 넣어 삶고, 국물을 면포에 걸러 맑게 내어 짜지 않고 개운하다.

## 나주 곰탕거리 곰탕집

1. **하얀집 영업시간 :** 08:00~20:00 (*수요일 휴무)
   - 1910년부터 시작해 곰탕거리에서 제일 오래된 집으로, 110년 동안 4대가 이어서 장사 중이다.
   - 국물이 아주 맑고 깨끗한 편. 달걀지단, 파, 고춧가루, 깨가 고명으로 올라간다.
   - 나주 청정지역에서 키운 암소 한우를 사용한다.
   - 양지, 목심, 사태, 사골을 넣어 국물을 끓여내고 5년 동안 간수 뺀 소금으로 간을 한다.
   - 고기는 1차로 덜 익은 상태로 건져 썰어낸 후 다시 2차로 삶아서 곰탕에 넣는다.

2. **노안집 영업시간 :** 07:00~20:00 (*월요일 휴무)
   - 1960년부터 시작해 3대째 전통을 이어가고 있는 집!
   - 국물이 다른 곰탕집에 비해 구수하고 진하다.
   - 밑반찬으로 나오는 김치에 진한 젓갈 맛이 나는 것이 특징이다.
   - 기본 곰탕에는 살코기가 많고, 수육 곰탕에는 머리 고기가 들어간다.

3. **남평할매집 영업시간 :** 08:00~21:00 (*화요일 휴무)
   - 60년 전통의 맛집으로 관광객보다 현지인들이 많이 찾는 로컬 곰탕 맛이다.
   - 국물이 맑고 시원하다.
   - 곰탕, 수육에는 양지, 사태, 목심 부위가 들어간다.
   - 달걀지단, 파, 고춧가루, 깨 고명이 하얀집과 같다.

4. **한옥집 영업시간 :** 08:00~20:30 (*화요일 휴무)
   - 1987년부터 이어온 전통의 맛집!
   - 다른 곰탕집과 달리 국물이 뽀얀 편이며 곰탕 국물을 무료로 리필 가능!
   - 아침 시간에 방문하면 껍데기를 서비스로 제공한다.
   - 국내산 한우를 사용하며, 반찬에 사용되는 재료도 100% 국내산만 사용한다고 한다.

## 곰탕 vs. 설렁탕

- 국밥계의 양대 산맥. 곰탕과 설렁탕! 곰탕과 설렁탕의 큰 차이점은 '뼈'에 있다.
- 설렁탕은 사골, 소머리 등 잡뼈를 넣고 고아 국물을 내고, 곰탕은 양지, 사태 등 살코기를 넣고 고아 국물을 낸다.
- 설렁탕은 먹을 때 소금으로 간을 맞추고, 곰탕 국물을 끓일 때 간장으로 간을 맞춘다.
- 요즘에는 곰탕과 설렁탕의 차이가 점점 모호해지고 있는데, 음식점마다 사용하는 재료, 조리법이 달라지고 있기 때문이라고 한다.
- 곰탕은 '뭉그러지도록 익히다', '진액만 남도록 푹 끓이다'라는 뜻의 '고다'에서 유래 되었다는 것이 일반적인 정설이다.

네 번째 길바닥 전라도 "무안군"

# 짚불구이 × 칠게장 비빔밥

## 📍 두암식당

| | |
|---|---|
| **주소** | 무안군 몽탄면 우명길 52 몽탄 두암식당 |
| **운영 시간** | 월~일 11:00~20:00 / 15:00~16:00 브레이크타임 |
| | 매주 수요일 정기휴무 |
| **찾아 가기** | 무안역 1분 거리, 밀리터리 테마파크 위에 위치 |

광주에서 한 끼~ 나주에서 한 끼~ 다음으로 넘을 선은, 동쪽으로는 영산강이 서쪽으로는 넓은 갯벌이 펼쳐진 풍요와 생명의 땅, 무안. 나주에서 차로 약 35분 소요되는 가까운 거리에는 또 어떤 맛이 기다리고 있을까? 이를 위해 현무 지인 찬스 발동! 전남 무안군 출신의 최고 슈퍼스타 '무안의 딸'이자 맛잘알 코미디언 박나래에게 물어보자! 과연 그녀의 추천 맛집은?!

서울 짚불구이 맛집이 벤치마킹한 바로 그곳, 〈두암식당〉이다. 1950년부터 70년이 넘는 세월 동안 3대에 걸쳐 한 자리를 지키며 이어 나가고 있는 식당이다. 3년 이상 건조 숙성한 짚불에 1000℃의 온도로 단 50초간 구워 나오는 짚불 향 가득한 삼겹살은, 단시간 고기를 익히기 위해 4mm로 일정한 두께의 고기를 고수한다. 또 직접 만든 고소한 밥도둑 '칠게장'과 느끼함을 잡아주는 무안의 자랑 '양파김치'가 이곳의 포인트! 영흥 갯벌 쌀, 사창 참기름, 현경 통마늘, 서해안 칠게, 무안 고추, 무안 양파, 수제 메주 등 사용되는 모든 식재료를

국산으로 사용하고 있다.

식당인 듯 아닌 듯, 독특한 외관이 반겨주는 두암식당. 그때 코를 찌르는 강렬한 짚불구이 향기가 발길을 서두르게 한다. 유쾌하게 맞아주시는 사장님과 직원들까지, 구수한 맛집의 냄새가 솔솔 난다. 뷰 좋은 평상 자리를 내어주시는 사장님! 날씨까지 좋아 시작이 좋다. 시그니처 메뉴인 짚불 삼겹살구이와 이름만으로 궁금증 유발하는 칠게장 비빔밥까지! 사장님 언능 주쇼잉~

먼저 맛깔스럽게 담긴 밑반찬 등장이요! 앞집 할머니 밭 배추로 만든 묵은지부터 해풍으로 키운 통마늘, 도리포 서해안 칠게장, 무안 갯벌 출신의 밴댕이 젓갈, 황토에서 자란 무안 양파김치 등 밑반찬에서부터 맛집의 기운이 느껴진다. 그중에서도 무안 양파김치의 맛이 궁금한데…! 먹자마자 박수가 터져 나오는 현무. 맵지 않고 감칠맛이 나면서 톡 쏘는 맛, 그리고 자연의 단맛과 식감이 매력적이다. 황토에서 자라 맵지 않고 단맛이 강해 돼지고기와 잘 어울린다. 양파김치 감

칠맛에는 비밀이 숨어 있다. 멸치액젓과 빛깔 고운 무안 고춧가루 그리고 며느리도 모르는 비법 양념을 넣어 무안의 선물을 버무려, 이틀간 숙성하면 제대로 맛이 든 무안 대표 특산물 '양파' 김치를 맛볼 수 있다.

강한 짚불 냄새를 따라 짚불 현장을 구경하는 먹브로. 3년 이상 숙성된 짚불에서 활활 타오르는 고기! 5초만 더 구워도 덜 구워도 손님상에 내놓을 수 없다! 무안에서 먹지 않으면 무안할 음식! 이게 바로 원조 짚불구이 삼겹살의 품격이여!

드디어 상에 내어진 짚불구이! 사장님의 추천 조합으로 즐겨볼까? 먼저 짚불구이를 칠게장에 찍어 먹어보고, 더 강력한 조합을 원한다

면 칠게장과 양파김치, 짚불구이를 같이 먹어 '짚불삼합'으로 즐기기! 짚불의 향부터 즐기고 고기는 천천히 음미하면 '햐~' 진실의 미간이 그 감동을 말해준다. 고기의 격을 높이는 짚불의 향과 얇은 삼겹살의 겉바속촉한 맛이 일품이다.

다음은 칠게장에 한번 콕 찍어 먹으니 감칠맛 대폭발! 수심이 얕은 무안 황토 갯벌에서 잡은 청정 칠게로 할머니표 비법으로 장을 담가 짚불구이와 완벽하'게' 잘 어울린다. 그리고 여기에 양파김치를 얹어 삼합으로 먹으면, 입안에서 펼쳐지는 감칠맛의 하모니! 이 또한 오직 무안에서만 느낄 수 있는 원조의 품격 아닐까?

고기를 다 먹어갈 즘 이어지는 음식은, 무안의 갯벌을 담은 칠게장 비빔밥! 흔한 비빔밥과 비교하지 말랑께~ 짚불구이 삼결살을 얹어 먹어도 황홀해지는 맛! 마치 엄마가 무심하게 비빈 친숙하고 산뜻한 맛에 느끼할 수도 있는 속을 잘 달래준다. 시골 작은 마을에서 탄생해 따뜻함을 넘어 화끈함으로 무안의 선물을 가득 담은 만찬이다.

> 열 번째 맛집 소감
> **"다 절고 이것 먹으러 무안 내려온다."**

## 짚불구이 유래

- 짚불구이는 암퇘지 삼겹살을 석쇠에 가지런히 깔고 볏짚을 지펴 그 불씨로 고기를 구운 것을 말하며, 볏짚 특유의 향이 스며 맛이 뛰어나다.
- 전남 무안군 몽탄면 사창리의 '두암식당'에서 땔감이 넉넉지 않던 시절, 들판에 흔한 볏짚을 주워다 고기를 구워 손님에게 냈는데 이것이 입소문을 타면서 무안 지역의 명물이 되며, 오늘날 '무안 5味' 중 하나로 꼽힌다.
- 전해오는 이야기로는 돼지 짚불구이는 원래 몽탄면 사람들이 추수가 끝난 들판에 둘러앉아 볏짚을 태우면서 근처 영산강에서 잡은 숭어를 구워 먹으며 그렇게 한 해 수확에 감사하고 이듬해의 풍년을 기원한 부분에서 유래했다.
- 무안 짚불구이 삼겹살은 무안의 특산품인 양파김치와 쌈장의 일종인 뻘게장을 올려 이른바 '짚불 삼합'으로 먹어야 제대로 먹었다고 할 수 있다.

네 번째 길바닥 전라도 "담양군"

# 멸치국물국수 × 열무비빔국수

## 📍 원조대나무국수

| | |
|---|---|
| 주소 | 전남 담양군 담양읍 객사2길 15-71 |
| 운영 시간 | 월~일 08:30~20:00 |
| 찾아 가기 | 죽녹원에서 도보 10분 |

이번에 떠나볼 곳은 손태진이 추천한 '담양 국수거리'다. 떡갈비와 죽통밥으로 유명한 담양에 국수거리가 유명하다고? 면 킬러 현무의 눈이 반짝인다. 광주에서 나주, 무안에 이어 이번에는 담양이라니. 맛있는 걸 먹기 위해서라면 효율은 포기한다! 자연을 벗 삼은 힐링 도시 담양으로 출발!

담양천의 홍수를 막기 위해 수백 년 전 만들어진 인공림 '담양 관방제림'을 거닐며 녹음綠陰을 만끽하는 먹브로. 위에는 대나무숲 공원인 죽녹원이 자리하고 있어 숲과 교감하기 좋은 산책로다. 그 길을 따라 걷다 보니 도착한 국수거리! 담양의 죽물시장과 함께한 원조 국숫집의 50여 년의 역사. 시장의 상인, 손님들의 간단한 요깃거리로 시작해 지금은 담양의 명물이자 면 러버들의 국수 성지다.

국수거리 초입부터 다양한 가게들이 즐비해 있지만 공통적으로 '멸치국수'와 '비빔국수'가 메인이고 사이드가 가게마다 다른 게 특징이다. 그중 먹브로가 입성한 곳은 주민들의 의견을 수렴한 〈원조대나무국수〉다. 입구부터 눈길을 끄는 블루리본! 2014년부터 2023년까지 푸른색 맛집 리본 스티커가 맛집을 인증해 준다. 현재 주차장 자리에 있었던 죽물시장에서부터 국수를 파시던 어머니의 뒤를 이어, 현재까지 자리를 지키고 계시는 2대 사장님과 3대 사장님! 게다가 전현무계획 애청자시라니?! 팬심에 감동한 먹브로, 바로 주문 후 평온한 강물 소리와 대나뭇잎 스치는 바람 소리가 들리는 곳에 자리를 잡는다.

앉자마자 곧장 내어지는 '멸치국물국수'! 소면이 아닌 중면이 눈길을 사로잡는다. 예전에는 더 두꺼운 면을 썼지만, 씹는 맛을 위해 도톰한 중면을 사용하고 있다. 찬물에 헹군 국수는 커다란 솥에서 우리는 진한 풍미의 멸치 육수에 따뜻하게 데워 송송 썬 파와 비법 양념장을 올린다. 소박한 담음새지만 그 맛과 양은 절대 소박하지 않다. 뜨끈한 국수 한입에, 만면에 퍼지는 미소. 역시 아는 맛이 무서운 법이다. 국수의 수수한 맛에 단짝 반찬인 똑 쏘는 전라도 김치를 얹으

면? 이 맛이 '와따'지~

 뜨끈한 국수를 먹었다면 이번엔 새콤달콤 입맛 돋우는 '열무비빔국수' 차례! 잘 익힌 중면에 설탕, 참기름으로 밑간해 준 다음 시원한 열무김치와 양념장을 더해 담양의 손맛으로 맛있게 비벼 고운 빨강 윤기가 좌르르~ 여기에 아삭한 콩나물과 쪽파로 마무리하면 집 나간 입맛 부르는 열무비빔국수가 탄생한다. 참기름 냄새가 먼저 코끝을 자극하고 한입 호로록 하면?! 이것은 매콤·달콤·고소 삼박자를 고루 갖춘 '비빔의 정석'이 따로 없다! 청량한 열무와 새콤함이 침샘을 사정없이 공략해 멈출 수 없는 젓가락!

 자식 먹을 음식에는 손이 큰 우리네 어머니의 사랑이 느껴진다. 그리고 영산강 풍경을 반찬 삼아 담양의 별미 국수를 먹는 낭만이란…! 여러분도 담양에서 국수와 함께 푸름 낭만 한 그릇, 어떠세요?

> **열한 번째 맛집 소감**
> "여기는 시중에서 파는 느낌이 아니라 엄마가 해주는 맛이 나요."

### 담양 국수거리 역사

- 담양 국수거리는 영산강 담양천 주변을 따라 국숫집들이 모여 있는 거리를 말한다.
- 옛날에는 담양천을 따라 향교, 객사, 관가 건물이 있었고 공터에는 오일장, 씨름판, 놀이패 등이 판을 벌이기도 했다고 한다. 사람들이 북적이다 보니 자연스럽게 음식점들이 들어섰고, 그중에서도 서민들이 싸고 편하게 찾는 국숫집들이 살아남아 계속 이어온 것으로 추정된다.
- 담양 국수거리의 가게들은 50여 년 전부터 영업을 시작한 곳들이 있으며, 2005년에서야 담양군에 의해 '국수거리'로 명명 받아 관광지로서 이름을 알리기 시작했다.

네 번째 길바닥 전라도 "고창군"

# 백합 정식

📍 **다은회관**

| | |
|---|---|
| 주소 | 전북 고창군 고창읍 동산7길 1 다은회관 |
| 운영 시간 | 목~화 11:00~21:00 / 15:00~17:00 브레이크타임<br>20:00 라스트오더 / 매주 수요일 정기휴무 |
| 찾아 가기 | 고창읍성 도보 5분 |

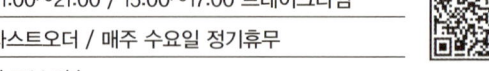

생긴 것도 맛도 아름다운 조개의 여왕, 제철 '백합'을 먹기 위해 고창군에 도착한 먹브로! 고창은 지리적으로 바다에 접해 있어 해산물은 물론, 농산물과 인산물도 풍부한 고장이다. 동쪽과 남쪽이 높은 반면 서북쪽이 낮게 형성되어 농작물 재배가 잘 된다. 기름진 평야 지대의 풍부한 곡식과 각종 해산물, 산채 등 다른 지방에 비해 산물이 많아 음식 종류도 다양하다. 특히 젓갈, 선운산 작설차와 복분자주, 풍천장어, 고창 고추장 등은 매우 유명한 특산품!

그리고 먹브로가 선택한 '백합'은 전복에 버금가는 고급 패류로, 산란기를 앞둔 4월~5월이 가장 맛과 영양이 최고다. 국내에서는 자연산 백합 채취량이 감소해 더 귀한 조개로, 수도권에서 맛보는 백합은

거의 수입한 것이다. 원가 자체가 비싸서 산지에서도 가격이 높은 백합 역시 고창의 특산물 중 하나다! 매일 간조면 고창 갯벌에 경운기를 끄는 백합 사냥꾼들이 모인다. '그레'라는 채취 기구를 이용해 단단한 펄을 긁어 밀물이 오기 전 4~5시간만 허락되는 채취 작업. 긁다 보면 소리가 탁! 하고 나는데 마치 낚시의 손맛처럼 손맛 좋고 스릴 있는 백합 캐기! 일일이 손으로 캐낸 귀한 고창의 특산물이다. 꽃 피는 봄이면 백합의 맛과 영양도 함께 핀다.

그리고 이번에 함께 할 게스트는 바로, 현실 자매 케미 폭발하는 가수 '허영지'와 아나운서 '허송연' 자매! 실제로 현무와 찐친인 두 자매! 카라 팬인 준빈의 설레는 마음도 함께 백합 찐 맛집으로 들어가 보자.

고급진 맛의 향연 '백합 정식'을 맛볼 수 있는 〈다은회관〉. 마치 시골집에 온 듯한 정겨운 모습의 이곳은 오직 고창 청정 갯벌에서 나는 백합을 공수해 회, 구이, 탕, 무침, 죽까지 백합 요리 풀코스를 즐길 수

있는 식당이다. 요리 경력 20년 이상으로 원래는 생선찜과 생선탕을 했던 사장님. 손님들이 다양하게 고창의 맛을 즐길 수 있도록 선택한 백합 코스 요리! 모든 음식은 사장님께서 직접 만드는데, 밑반찬으로 나오는 '바지락 젓갈'이 이곳의 별미! 봄철 최고의 보양식 백합 정식으로 에너지를 채워보자!

제일 먼저 내어지는 자연산 싱싱한 '백합회'! 처음 맛보는 백합회는 조갯살 본연의 은은한 단맛이 올라오면서 마늘과 고추가 비린 맛을 잡아줘 깔끔하다. 이것이 제철에만 즐길 수 있는 별미! 이어지는 코스, 육즙이 그대~로 '백합구이'! 갓 잡은 백합을 깨끗하게 씻어 국물이 빠져나가지 않게 하나하나 포일로 싸서 구워낸 요리다. 백합을 그릇에 옮겨 담아 포일을 열면 입을 떡 벌린 뽀얀 백합의 모습! 통통한 백합을 먼저 맛보고 백합 국물까지 알뜰하게 마시면~ 美味! 백합의 맛이 응축된 진한 국물을 즐기기 위한 사장님의 아이디어가 돋보인다.

간을 단 1도 하지 않고 바다에 살던 맛을 뿜어내 백합 본연의 맛을

통째로 음미하는 네 사람! 이미 구이를 통해 탕을 먹은 것 같은데, 세 번째 요리 백합탕이 내어진다. 담백하고 칼칼한 국물의 진수, 백합탕! 백합과 청양고추, 파를 넣고 특별한 조미료 없이 팔팔 끓여 백합 존재 자체가 감칠맛 덩어리가 따로 없다. 이렇게 탕으로 먹으니 또 새롭게 느껴지는 백합 국물의 맛. 백합구이의 국물이 진한 원액이라면, 백합탕의 국물은 담백하고 맑지만 국물 끝에 오는 맵싸한 반전이 진국이다.

이어지는 네 번째 코스, 제철 백합과 제철 채소와 나물이 한데 어우러진 '백합 무침'이다. 구수한 백합탕에 이어 매콤 새콤한 맛의 출격! 이것이 고창 갯벌과 전라도 손맛의 환상적인 만남이다. 제철 나물의 향긋함이 양념에 가려지지 않아 더 향긋한 이 맛!

보양식을 먹으면서 조금씩 어색함 풀리는 준빈. 송연이 아나운서가 된 계기에 관해 묻는다. 진로 고민이 한창이었던 성악 전공의 대학생 송연. 당시 진심 어린 조언과 세세한 모니터링을 해준 현무의 실질적인 조언들이 큰 힘이 돼주었다. 현무가 아나운서를 준비할 때 조언 구할 곳이 없었던 막막함을 공감하기에, 그는 지금도 아나운서를 꿈꾸는 사람들에게 애정 가득한 조언을 하며 후배들에게 백합처럼 귀한 사람이 되었다.

훈훈한 이야기와 함께 어느새 백합 정식 마지막 코스 요리 차례가 됐다. 피날레를 장식할 음식은 바로 고소함 가득한 '백합죽'! 감칠맛 도는 백합 육수에 찹쌀, 표고버섯, 녹두, 당근, 오이를 넣고 바글바글 끓이다가 간장으로 간을 해주면 완성! 모든 재료에 백합 향이 진하게 배어 고소한 맛이 일품이다. 감칠맛 폭발, 보양 기운 폭발하는 단 한 그릇의 보양식! 고창의 청정 갯벌이 준 보물, 백합이 주는 깊은맛의 한 상이었다.

> **열두 번째 맛집 소감**
> **"백 가지 무늬의 백합, 백 가지 맛을 보여주다."**

## 고창 청정 갯벌이 선물한 '백합'

- **고창 갯벌**
  - 2010년 2월 람사르습지로 지정, 2013년에는 유네스코 생물권 보전지역으로 지정. 2021년에는 세계자연유산에 지정.
  - 고창·부안 갯벌은 새만금 갯벌이 매립되면서 전라북도 지역에 남아 있는 가장 큰 갯벌이다.
  - 바지락, 농게, 동죽 등 다양한 어패류가 살고 있으며, 황해 고유종인 범게가 서식하고 있다.
  - 고창 갯벌은 모래가 섞인 단단한 펄이기 때문에 경운기, 트랙터도 운행 가능하다.
- **백합**
  - 순결, 정절, 백년해로를 상징. '조개의 여왕'으로 불리는 고급스러운 조개!
  - 새만금 방조제로 간척 사업으로 채취량이 감소, 변산반도 이남 지역 갯벌에서 볼 수 있다.
  - 수도권에서 맛볼 수 있는 백합은 대부분 중국에서 수입한 것!
  - 귀한 조개이다 보니 원가 자체가 비싼 탓에 산지에서도 가격이 높은 요리다.
  - 전복에 버금가는 고급 패류로 탕, 회, 구이, 찜 요리로도 일품이며, 죽으로 요리하면 담백한 맛이 배가 되어 더욱 구수한 맛을 낸다.
  - 모양이 예쁘고 껍질이 꼭 맞게 맞물려 있어 '부부 화합'을 상징하여, 일본에서는 혼례 음식에 반드시 포함된다.

네 번째 길바닥 전라도 "전주시"

# 숙성 대광어 막회 × 매운탕

📍 **백김치새싹막회 본점**

| | |
|---|---|
| 주소 | 전북 전주시 덕진구 아중2길 5 |
| 운영 시간 | 매일 11:00~24:00 / 주말 재료 소진 시 조기 마감 |
| 찾아 가기 | 아중역 맞은편 |

전라도 대장정을 끝내고 서울로 올라가는 길, 전주로 빠지는 먹브로의 차량. 맛의 고장 전주하면 떠오르는 콩나물국밥, 비빔밥은 잊어라! 전주 사람 팜유 멤버 이장우의 추천 맛집 대공개! 현지인들만 가는 기가 막힌 곳! 신선한 완도산 대광어 막회를 먹을 수 있는 바로 그곳! 게다가 가게 이름에 대문짝만하게 들어간 '백김치'가 예술이라고?! 뻔한 건 안 먹는 먹선생 이장우의 추천 맛집 도착!

전주 내 간판까지 따라 하는 가게가 많지만 15년이 넘도록 영업 중인 원조집은 바로 이 집, 〈백김치새싹막회(본점)〉뿐! 완도산 대광어만 고집하는 이 집은 숙성된 대광어회를 숭덩숭덩 도톰하게 썰어내, 이곳의 자부심인 직접 담근 톡 쏘는 백김치와 함께 먹는 환상 조합이

포인트다. 푸짐하게 주는 새싹 무침과 함께 먹으면 광어의 느끼함을 싹 잡아주기까지! 단일 메뉴 대광어, 어서 한 접시 주세요~

외관상으로는 평범해 보이지만, 흔한 횟감 광어의 재발견을 할 수 있다는 사실! 질기지 않고 부드럽기 때문에 숭덩숭덩 두툼하게 썰어 윤기가 흐르며 질겅거리지 않는 식감을 자랑한다. 게다가 숙성한 광어라서 그 맛이 더 살아난다. 한 마리당 얼마 나오지 않는 지느러미 부분도 기름지지 않고 깔끔하다. 먹브로, 광어 본연의 맛에 제대로 빠져브렀구마잉~

부드러움과 고소함을 모두 품고 있는 대광어. 부위별로 풍미를 즐기는 재미까지! 전주에서 먹는 전혀 예상 못 한 반전의 맛이다. 내륙 한복판인 전주에서 대광어회 하나로 가게를 내려고 생각한 사장님의 용기에 박수를 보내는 현무. 완도, 서해가 모두 전주에 모여 서울로 올라가니 전주는 '맛의 교두보'임이 분명하다. 이곳이 있었기에 상대적으로 저평가됐던 광어를 다시 보게 됐다.

　본연의 맛을 느꼈으니 이제 사장님 추천대로 이색적으로 즐겨보자. 백김치에 광어회와 새싹 무침을 올려 삼합으로 한입 왕! 입안에 들어오자마자 터지는 감탄! 톡 쏘는 백김치와 새콤하고 아삭한 새싹 무침이 서로 맛을 해치지 않고 완벽한 조화를 이룬다. 조용히 끄덕여지는 이 맛…! 전 연령 입맛 저격의 환상적인 삼합이다. 무침에 들어간 날치알이 씹는 맛을 더욱 풍부하게 해준다. 지루할 틈 없는 대광어회 먹부림. 역시 먹선생의 선택은 탁월했다.

　대광어회 극찬이 한창이던 그때, 이장우의 추천 메뉴 곧이 추가한 매운탕 등장! 국물 한 숟갈에 진한 국물이 속을 확 풀어준다. 회 먹고 곁다리 메뉴로만 생각했던 매운탕. 하지만 이곳의 매운탕은 그렇지 않다! 구성이 완벽한 독립된 요리! 대광어회에 이은 또 한 번의 감동이 국물이 잘 밴 재료들처럼 진하게 스며든다. 싱싱하고 탱탱한 곤이 추가는 신의 한수! 남은 국물까지 흡입할 수밖에 없는 얼큰함! 대한민국의 맛은 전주로 통한다!

> **열세 번째 맛집 소감**
> **"광어도 풍미가 있다. 광어 무시하지 말라."**

> 광어, 그것이 알고 싶다

- 광어의 맛을 결정하는 가장 중요한 요소는 '크기'에 있다. 크기가 클수록 지방이 많이 차 있어 감칠맛과 씹는 식감이 좋다.
- 보통 2kg 이상. 더 크면 3kg 이상의 광어를 대광어라고 지칭하며 같은 무게를 기준으로 작은 광어의 1.5배 정도 시세를 형성한다. 소광어 길이는 평균 30cm 이하, 대광어 길이는 평균 50cm 이상이다.
- 양식/자연산 광어는 11월~2월이 제철. 4월~7월 사이는 산란기이기 때문에 수율이 떨어진다.
- 3월~10월은 오히려 양식 광어가 더 맛있는 시기! 광어는 금어기가 따로 없다.
- 양식 기술이 발달하면서 국민 생선, 국민 횟감이라고 불릴 만큼 가장 대중적인 생선이 됐다.
- 고단백 저지방의 흰 살 생선으로 다이어트에 도움 되는 생선이다.

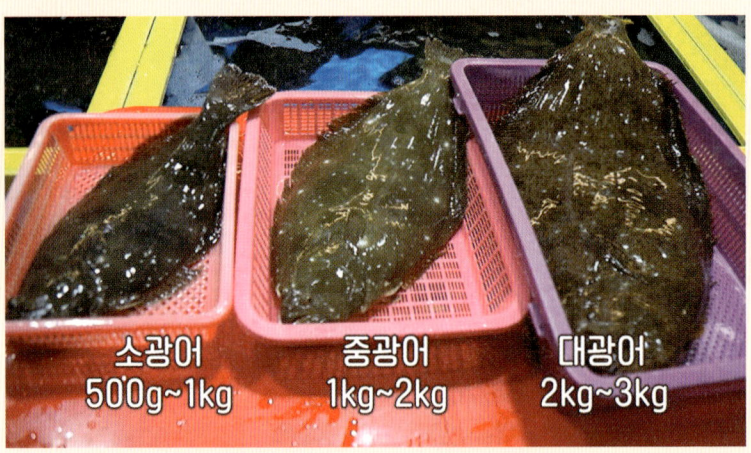

누군가와 이렇게 맛있는 걸 먹으며 하루를 마무리할 수 있다는 건
참 큰 행운인 것 같아.

## 다섯 번째 길바닥

# 강원특별자치도

**홍천군**

**양양군**

**속초시**

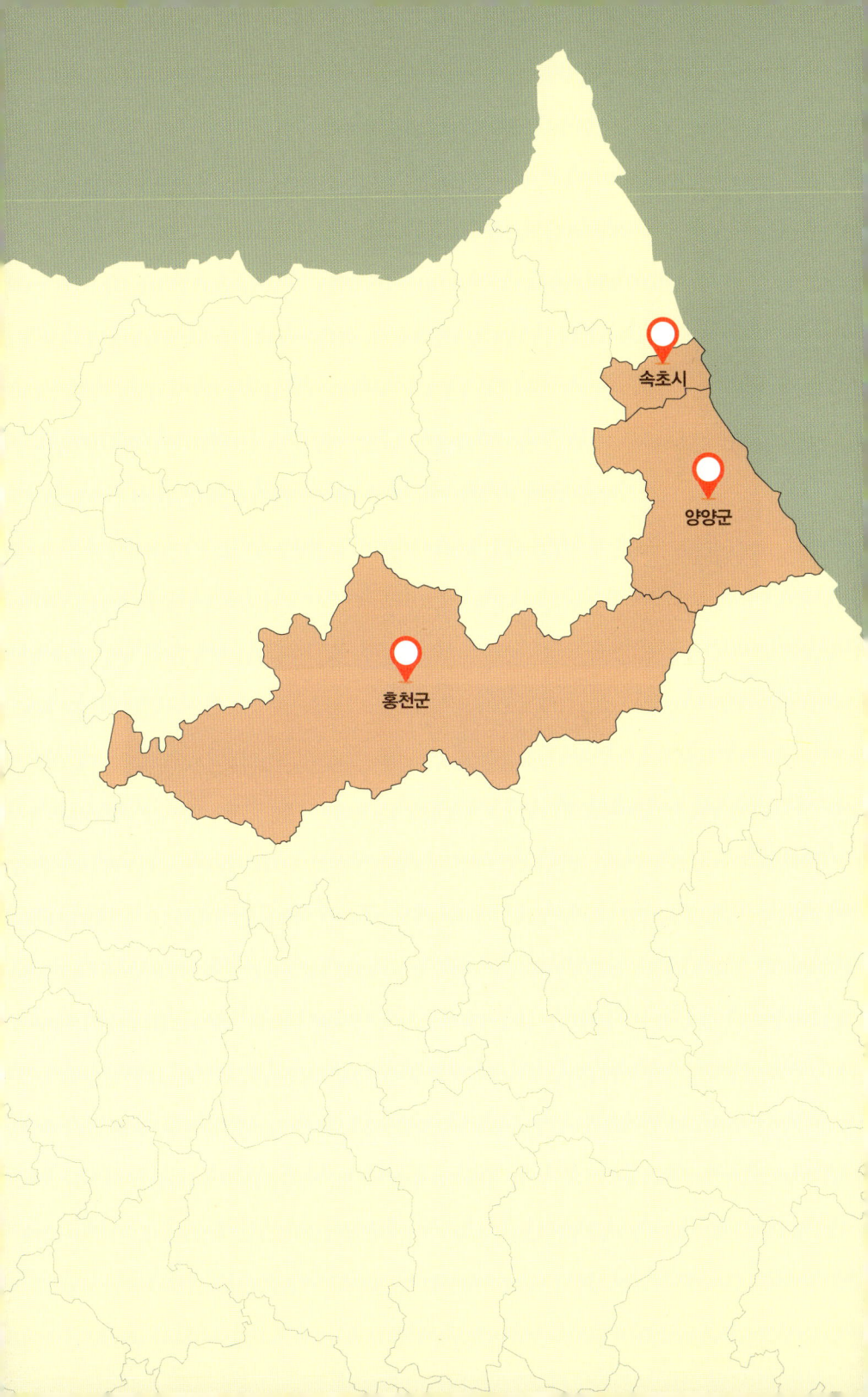

다섯 번째 길바닥 강원도 "홍천군"

# 뼈해장국

## 📍 가보자 토종순대국밥 뼈다귀해장국

| | |
|---|---|
| 주소 | 강원 홍천군 홍천읍 홍천로3길 6 |
| 운영 시간 | 매일 00:00~24:00 / 15:00~16:30 브레이크타임 |
| 찾아 가기 | 홍천 버스터미널 옆 |

꽃이 피고 비가 오고 눈이 와도 맛있는 게 있는 곳이라면 먹브로는 어디든 간다! 전국 방방곡곡 무계획 먹트립 다섯 번째 여정지는 바로, 味의 천국 강원도! 휘황찬란하고 맛깔난 음식의 향연. 박수는 기본, 사장님을 향한 적극적인 감탄까지! 편견 부셔! 동선 부셔! 무작정 생각나는 대로 가는 강원도 먹트립 출발!

전국 각지로 떠나는 강원도의 교통 허브 '홍천'에 모인 먹브로. 군부대가 많은 강원도인 만큼 준빈 역시 홍천에서 군 복무 생활을 했다. 홍천 버스터미널에서 만난 군인들과 현지인을 대민하며 느껴지는 10년이라는 세월. 강원도에서 만난 첫 번째 식당은?

준빈의 군인 시절 추억을 소환하는 노란 간판의 〈가보자 뼈다귀해장국〉이다. 현지인들은 물론 휴가 나가거나 부대로 복귀하는 장병들의 방앗간 같은 곳! 콩나물과 라면 사리가 푸짐하게 들어간 뼈해장국은, 소뼈와 돼지뼈를 적절히 섞어 뽑아낸 깊은맛의 육수를 자랑한다. 시골에서 직접 공수해 온 고춧가루로 담긴 배추김치와 깍두기 밑반

찬이 뼈해장국과 환상의 짝꿍을 이룬다. 게다가 24시간 운영된다는 장점과 홍천 터미널 옆이라는 장점이 있다. 과연 준빈의 눈물 담긴 추억 한 그릇은 어떤 맛을 간직하고 있을까?

군 시절 옛 추억에 잠기던 그때, 빠르게 내어지는 눈물의 해장국! 콩나물이 푸짐하게 올라간 모습이 기대를 안 할 수 없게 한다. 넘치는 인심에 뚝배기도 넘칠 기세! 비주얼에 놀라고 양에 한 번 더 감탄하게 된다.

조심스레 한 입 해보는 준빈. 곽준빈 일병의 눈물 젖은 해장국, 여전히 군인들 입맛 저격하는 그리움이 가득 깃든 맛이다. 두툼한 살코기와 마성의 라면 사리, 헛헛한 군 생활을 달래던 얼큰한 국물, 그리

고 아삭한 식감으로 시원함을 더한 콩나물까지. 몸도 마음도 입맛도 어른이 되어가던 시절 추억의 맛이자 혈기 왕성한 장병들에겐 해방의 맛. 국물을 잔뜩 머금은 독보적인 라면 사리도 여전히 감탄할 수밖에 없는 맛이다. 두툼하고 토실토실한 살코기는 젓가락이 닿는 족족 결대로 찢어져 가득 잡힌다. 푸짐한 살코기답게 그 맛 또한 훌륭하다.

겨자소스에 콕 찍어 개운하게 먹기도 하고 말없이 뼈 속속 파먹는 등 먹는 방법도 제각각인 먹브로. 음식을 대하는 태도가 사람마다 다르듯 준빈 역시 자신의 미래가 이렇게 달라질 것이란 건 상상하지 못했었다. 입대 전까지 외국 경험이 없었던 준빈은 외국에서 살다 온 후임을 통해 새로운 꿈을 발견하게 됐다. 고된 군 생활 중에도 자신의 미래를 설계했던 준빈, 이제는 늘 궁금해하던 미지의 세계를 탐험 중이다. 한 치 앞도 모르는 게 사람 일. 지금의 준빈을 있게 한 그 시절 추억의 해장국에 다시금 몸도 마음도 대만족스러운 한 끼다.

**첫 번째 맛집 소감**
**"군대에 있다가 나와서 이거 먹으면
'그래, 이게 바로 사회의 맛이지' 느껴져요."**

다섯 번째 길바닥 강원도 "양양군"

# 전호나물 튀김·전 × 송이칼국수

## 📍 양양시장

| | |
|---|---|
| 주소 | 강원 양양군 양양읍 남문5길 9 |
| 운영 시간 | 구역마다 상이 |
| 찾아 가기 | 양양 버스터미널에서 차로 5분 소요 |

강원도에 왔으면 꼭 먹어야 하는 음식은 뭐가 있을까? 바닷가니까 회? 초당 순두부? 물회? 무계획으로 치고 나가는 먹브로는 판을 깨고 직진한다! 예상되는 먹트립은 그만! 무계획의 맛대로 발굴한 두 번째 강원도의 맛은 어디?

엄청난 규모를 자랑하는 강원도 양양 오일장! 강원 영동지역의 최대 규모의 전통시장이자, 1770년대부터 오일장이 열렸다는 구전이 내려오고 있어 200여 년의 전통을 가진 곳이기도 하다. 양양군 내에 시장이 모두 사라지고 유일하게 명맥을 이어가는 전통시장으로, 1919년 4월 4일~9일까지 장부들이 장꾼으로 변복하여 만세운동을 벌인 곳이다. 그 후 만세운동을 기념하기 위해 매달 4일과 9일에 오일장이 들어서며, 오일장이 열리는 날에는 초입부터 좌판이 펼쳐져 시장 규모가 세 배로 커진다. 인근 다른 지역민들도 양양까지 장을 볼 정도로 제철 농산물과 해산물, 양양 특산물인 자연산 송이버섯까지 다양한 볼거리와 입맛 돋는 먹을거리가 가득한 곳!

양양 오일장 특식 ①
녹차 호떡

거대하고 활기가 넘치는 양양 오일장만의 특별한 음식을 찾아가는 먹브로. 오늘도 시장에 뜬 현무를 향한 어르신들의 무한 사랑! 전통시장 프린스 전현무의 인기를 또 한 번 실감하는 현장이다. 천막 군데군데마다 펼쳐진 다채로운 먹거리 간식들! 튀김부터 도넛, 족발, 옛날 통닭 등 군침 돌게 하는 음식이 다양하다. 그중 양양 오일장 특식 첫 번째, 시선을 사로잡는 '녹차 호떡'을 먹어보는 먹브로! 녹차 가루로 반죽해 느끼하지 않은 꿀 호떡이 그야말로 꿀이다!

두 번째 특식으로 강원도에서 즐겨 먹는 쇠미역(곰피)으로 만든 달콤 바삭한 '쇠미역튀각'도 맛보고, 나서는 그때 발길을 멈추게 한 곳이 있었으니. 바로 강원도의 사계절을 담은 포장마차! 과연 무엇을

과연 무엇을 먹어야
잘 먹었다고 소문이 날까?

먹어야 잘 먹었다고 소문이 날까~? 오직 이곳에서만 먹을 수 있는 '제철 산나물 튀김, 산나물전, 송이칼국수' 주문이요!

끓는 기름에 즉석에서 튀겨지는 전호나물 튀김! 전호(정오)나물은 청정 지역에서 자생해 봄에만 맛볼 수 있는 귀한 미나릿과 봄나물이다. 갓 튀겨 나와 바삭함이 살아 있고 입안 가득 향긋한 봄 내음으로 채워져 웃음밖에 나오지 않는 맛이다!

봄 내음에 취해 있을 때 등장하는 양양 특산물 송이버섯이 들어간 '송이칼국수' 등장! 국물에 스민 은은한 송이버섯 향이 일품이다. 쉬지 않고 나오는 '전호나물전'까지! 먹브로 오늘 양양의 봄에 제대로 취한다!

반죽은 적게 나물은 아낌없이 많이 넣어 제철 산나물의 풍미를 전 한 장에 담은 전호나물전! 전으로 먹으니 튀김보다 전호나물의 향이 더 진하게 느껴진다. 한입에 맛보는 싱그러운 봄의 기운. 그리고 좋은 사람과 좋은 음식. 양양 오일장에서 만난 강원도 봄의 향과 맛. 계절마다 달라지는 맛과 향연. 이것이 양양에서만 맛볼 수 있는 진정한 제철 강원도의 맛 아닐까?

> **두 번째 맛집 소감**
> "이름 모를 산나물도 특별해지는 오일장 포차.
> 양양 오일장 포차는 사계절이 성수기다!"

### 양양 송이버섯

- '송이'는 소나무의 버섯이라는 의미로 특유의 솔향이 나는 것이 특징이다.
- 삼국시대부터 조선시대까지 대대로 왕에게 진상하던 귀한 식품이다.
- 태백산맥에서 채취되는 양양 송이버섯은 최고의 품질로 인정받고 있다. 일본산보다 살이 두텁고 향기가 풍부하다.
- 9월부터 송이를 캐기 시작. 크기와 상태에 따라 1등급에서 5등급으로 나뉜다.
- 양양에서는 매년 9월 말 송이 축제를 개최한다.
- 익히면 솔향이 더 강해지고 소금구이, 볶음, 전골 등 다양하게 요리하여 즐길 수 있다.

다섯 번째 길바닥 강원도 "양양군"

# 비빔 메밀국수 × 물 메밀국수

## 📍 범부 메밀국수

| | |
|---|---|
| 주소 | 강원 양양군 서면 고인돌길 6 범부메밀국수 |
| 운영 시간 | 목~월 11:00~19:00 / 매주 수요일 정기휴무<br>재료 소진 시 조기 마감 |
| 찾아 가기 | 양양 버스터미널 차로 약 10분 소요 |

양양만의 활기와 맛을 본 먹브로에게 떨어진 특명! '강원도 맛집 공개 수배'! 강원도 곳곳을 잘 알고 있는 '강력계 형사'에게 밥도둑 명단을 제보받다! 제보 하나, 메밀막국수. 제보 둘, 옛날식 돈가스. 제보 셋, 만둣국. 과연 먹브로의 선택은?! 이곳은 강원도, 강원도는 메밀! 진정한 메밀막국수를 향하여 출발! 궂은 날씨라고 해도 맛있는 음식을 먹기 위해서는 물불 가리지 않는 것 역시 무계획의 원칙이다!

형사님의 추천 찐 로컷 맛집 〈범부 메밀국수〉에 도착한 먹브로. 이곳으로 말하자면 30년 전통의 막국수 맛집으로 오직 찐 로컬들이 찾는다는 맛집 of 맛집이다. 한우 사골을 3일 동안 정성껏 달여 맛을 낸 육수에 순 메밀 100%를 사용하는 찐 막국숫집! 특히 이곳의 비빔국수는 해바라기씨, 호박씨 등 견과류가 들어가 고소함과 씹는 맛이 매력적이다. 사장님, 물 하나 비빔 하나에 수육 반 접시 주문이요~

직접 방아를 찧어 제분해서 만들어지는 순 100%의 메밀국수! 진짜 메밀국수란 바로 이런 것이다. 메밀 특유의 구수한 향이 코를 자극하

니 벌써부터 그 맛이 기대된다. 갓 뽑은 면에 씨앗 토핑과 매콤한 양념장을 듬뿍 넣은 '비빔 메밀국수'. 그리고 한우 사골을 3일간 끓여 원액으로 만들어진 맑고 청량한 육수를 가득 담아 김가루와 깨로 고소함을 더한 '물 메밀국수' 등장! 여기에 손수 담근 김치와 수육까지 내어지니 먹기도 전에 느껴지는 찐 맛집의 기운! 음식 등장만으로 사장님을 바라보는 눈빛에 꿀이 뚝뚝 떨어지는 현무.

물 메밀국수를 선택한 준빈은 국물부터 한 모금 먹어본다. "와, 여기 잘 왔다, 진짜." 재료 본연의 맛을 잘 살린 음식이라는 말이 절로 나온다. 그리고 천천히 음미해 보는 순 100%의 메밀면. 가벼우면서도 거친 면발에 진짜 메밀국수의 맛을 알아버렸다. 반면 먹기 전부터 맛있음의 기운을 느낀 현무는? 비빔국수 한 젓가락에 눈을 질끈 감아버린다. "드디어 찾았다, 내 인생 메밀." 메밀 방랑자들이여, 그대들이 정착할 곳을 찾았다!

혀끝으로 느끼는 순수한 메밀의 향. 흔히 100% 메밀면이라고 하면 찰기 없이 뚝뚝 끊어지는 식감에 혹평이 많다. 그 이유는 껍질이 많이 들어갔기 때문! 하지만 이곳의 메밀면은 껍질을 전부 제거하고 진짜 메밀 맛을 느끼기 위해 건 메밀을 조금 넣어 만들기 때문에 식감이 찰지고 촉감은 까칠한 것이 특징이자 매력이다. 그러기 위해서는 너무 되지도 묽지도 않게 주문 즉시 뽑아내는 것이 이곳 메밀면의 원칙이다. 가느다란 면에 꽉 찬 메밀의 풍미. 최고의 식감을 위한 사장님의 노하우가 엿보인다.

여기에 빠질 수 없는 메밀국수의 단짝 돼지고기 수육도 한입 먹어보자. 직접 담근 김치에 새우젓까지 얹어 먹으면 수육도 여간내기가

아니다! 겉은 쫄깃하고 속은 촉촉한 식감, 씹을 때마다 팡팡 터지는 육즙. 양념은 최소화하고 본연의 맛은 극대화한 세 가지 모두 우열을 가릴 수 없다.

그런데 극찬하던 현무가 아쉬운 점이 있다고 한다. 그것은 바로 '김'? 메밀 자체의 맛이 김에 가려진다는데, 만약 김을 기호에 맞게 조절한다면? 현무의 말처럼 역시 진짜 메밀을 느끼고 싶은 사람들은 김을 빼주라는 요청이 있다는 사장님! 역시 메밀 러버 현무의 감이 명확했다! 김을 뺀 물 메밀국수를 내어주시는 사장님. 쿰쿰한 곡물의 향이 그대로 느껴진다. 순수 메밀국수 매력에 푹 빠진 먹브로. 강원도 산골에서 인생 메밀국수를 만나다.

> 세 번째 맛집 소감
> **"여기는 보기만 해도 맛집의 기운이 그냥 느껴져…."**

> 막국수 유래 *출처: 춘천 백년사

- 일제의 탄압을 피해 산으로 몸을 피한 의병들이 척박한 땅에서도 잘 자라는 메밀을 심어 키웠다. 메밀을 바로 타작해 갈아서 국수로 만든 후, 심심한 동치미 국물에 말아 먹었다고 한다.
- 국수를 뽑는 틀도 없던 시절, 반죽 후 칼로 뚝뚝 잘라 만들었다고 해 '칼싹두기'라고 부른다.
- 의병들이 만들어 먹던 메밀 '칼싹두기'가 막국수의 시초다.
- 막국수라는 이름의 유래는, 메밀을 껍질 등을 거르지 않고 거칠게 갈아 면을 뽑은 것에서 비롯됐다는 설과 주문이 들어오면 바로바로 만들어서 냈다는 점에서 '바로 지금' 등의 뜻을 가진 부사 '막'과 국수가 합쳐진 파생어라는 설이 있다.
- 메밀가루는 찰기가 없어 반죽해 두면 금방 굳어버렸다. 그래서 만들자마자 바로 면을 뽑아야 한다.

> 강원도 유명 막국숫집

- **영광정(양양)**
  - 동치미 국물을 두 스푼 넣고 비벼 비빔막국수로 먹다가 남은 동치미 국물을 넣어 물막국수로 먹을 수 있는 것이 특징
  - 밀가루와 고구마전분을 섞어 만드는 면을 사용

- **백촌막국수(고성)**
  - 백종원 막국수로 유명한 곳이자 가장 핫한 막국숫집
  - 평일/주말 상관없이 오픈런을 해도 지옥의 웨이팅을 견뎌야 하는 걸로 유명(주말엔 100팀 이상 대기할 때도 있다고 함)
  - 동치미 육수를 사용해 슴슴한 듯 자극적이지 않은 맛
  - 툭툭 끊어지는 얇은 면발이 특징

- **강산막국수(태백)**
  - 동치미 육수에 새콤한 맛과 짭조름한 맛이 강한 것이 특징
  - 고명으로 가득 올린 오이와 김가루
  - 막국수보다 얇고 촉촉한 감자전, 녹두 부침으로 더 유명한 집

- **철원막국수(철원)**
  - 철원 터미널 인근에서 60여 년을 영업해 온 집
  - 꿩 육수를 이용해 막국수 국물을 만드는 것이 특징

- **단양면옥(양양)**
  - 양양에서 3대째 100년 넘게 이어온 집
  - 비빔막국수에 고명으로 새콤달콤한 가자미식해를 얹는 것이 특징
  - 메밀 95% + 고구마전분 5%를 섞어 뽑은 면을 사용

다섯 번째 길바닥 강원도 "양양군"

# 한우 생등심 × 돌판 즉석 된장찌개

## 📍 산촌생등심

| | |
|---|---|
| 주소 | 강원 양양군 강현면 안골로 54 1층 |
| 운영 시간 | 목~월 11:00~20:50 / 15:00~17:00 브레이크타임 |
| | 14:00, 19:50 라스트오더 / 매주 수요일 정기휴무 |
| 찾아 가기 | 양양 버스터미널에서 차로 10분 소요 |
| | 낙산해수욕장 보도 약 20분 소요 |

인생 메밀국수를 만난 먹브로가 다음으로 향할 곳은 어디일까? 거센 강원도의 폭풍우를 뚫고 도착한 소 등심 끝판왕 맛집 〈산촌생등심〉! 지난 안산 고깃집도 그렇고 이런 맛집들은 역시 지역 외진 곳에 있는 것 같다! 원래는 예약제지만 궂은 날씨 덕(?)에 맛집에 입성한 먹브로!

이 집은, 질 좋은 한우를 손님들에게 대접하고 싶어 오직 '한우 생등심' 단일 메뉴만 판매하는 곳으로, 양양에 숨은 갓성비 한우 맛집이다. 30년이 넘도록 운영하며 양양 현지인들의 맛집으로 자리매김했다. 일주일에 두 번 강릉산 1등급 한우 생등심을 받아서 사용하며, 다른 곳보다 저렴한 가격에 맛볼 수 있다. 특히 고기 구운 돌판에 멸치 육수, 콩나물, 두부를 넣고 즉석에서 끓여 먹는 재래식 된장 베이스의 된장찌개와 시원하고 삼삼한 감칠맛이 감도는 코다리 육수로 담근 김치가 일품이라고! 시골 할머니 댁처럼 투박하지만 푸근한 느낌을 주는 식당. 한적한 시골집에서 즐기는 한우는 과연 어떤 놀라움과 따

뜻함을 선물할까?

 하얀 눈꽃 같은 마블링으로 가득 찬 생등심. 겉만 봐도 생등심의 육질이 느껴진다. 눈앞에서 지글대는 고기 굽는 소리가 비 오는 소리와 맞물려 양양 산촌에서 고품격 하모니가 울려 퍼진다. 소고기는 뭐다? 붉은 기가 가시고 육즙이 스며 나올 때가, 바로 가장 맛있는 타이밍! 미디움과 웰던 사이 옆면에 붉은 기가 살짝 비칠 때 입으로 직행! 그야말로 살살 녹는 갓성비 한우 생등심! 묵언의 끄덕임이 보여주는 한우의 참맛! 담백한가 싶다가도 어느새 진한 육즙이 입안에서 폭발한다.

 소금에 찍어 먹으면 감칠맛이 두 배! 말없이 한우 삼매경에 빠진 먹브로. 부드러운 한우에 아까의 고생은 녹아버린 지 오래다. 상추에

도 싸 먹고, 소금에 편 마늘을 얹어 먹고 입맛은 달라도 호흡은 점점 닮아가는 두 사람. 잘 맞는 형과 함께하는 무계획 맛집 탐방이 주는 즐거움에 준빈은 이제 본격적으로 미식의 세계에 입문했다. 더 깊은 미식의 세계로 빠지고 싶은 준빈. 그렇게 입맛까지 성숙해져 간다.

 살살 녹는 생등심을 다 먹으니 등장하는 된장찌개 재료? 된장찌개를 돌판에 끓여 먹는 게 이 집만의 특징! 소고기 육향이 남은 돌판에 된장 육수와 찌개 재료를 넣고 끓이기 시작하는데…! 전무후무한 된장찌개 비주얼에 놀라는 먹브로. 그리고 주문과 동시에 무쇠솥에 지어낸 흰 쌀밥과 숭늉까지! 보글보글 끓는 된장찌개 국물 한 입 해주니 깊은 한우 향이 우러나 풍미가 우수하다. 콩나물 향까지 은은하게 배어있어 고소하고 짭짤한 밥도둑에 흰 쌀밥을 얹어 비벼 먹으면? 말해 뭐해! 밥알에 쏙쏙 배어들어 더욱 맛있는 된장 술밥으로 변신!

 빠질 수 없는 한국인의 치트키 김치를 딱 얹어 먹으면, 뜨거움에 입천장이 다 까져도 포기할 수 없는 맛이다! 구수한 숭늉으로 마무리해

주면 집밥같이 포근하면서도 가성비 좋은 든든한 한우 등심 한 끼! 과정이 고달플 순 있어도 행복을 주는 맛집에서의 한 끼였다.

---

**네 번째 맛집 소감**
**"날씨가 흐리든 좋든 고기는 언제나 옳다."**

---

**먹브로의 산촌생등심 먹팁**

- **현무**
  - 소금을 살짝 찍어 편 마늘을 추가해 먹기! 이것이 한우 곁들임을 최소화하는 예의!
  - 후식 된장찌개에 고기를 잘라 넣으면 고기 된장찌개로 탈바꿈!
  - 된장 밥 + 김치 + 편 마늘
- **준빈**
  - 상추에 한우와 집 된장, 파채를 얹어 싸 먹기!

> 한우 등심 부위

- 등심은 결이 곱고 육즙이 풍부한 부위로, '윗등심', '꽃등심', '아랫등심', '살치살'로 소분할 된다.
- '윗등심'은 소의 목덜미 인대인 '떡심'이 포함되어 있다. 마블링이 풍부해 한우 특유의 풍미가 좋은 부위다.
- '꽃등심'은 등심 부위 중에서도 육즙이 가장 풍부하고 지방이 고르게 퍼져있어 더 고소하다.
- '아랫등심'은 꽃등심과 채끝살 사이에 있어 지방이 적고 마블링이 많은 부위다.
- '살치살'은 윗등심살 앞부분에 붙어있는 삼각형 모양의 근육을 분리한 것으로, 압도적인 마블링과 풍부한 육즙을 자랑한다.

다섯 번째 길바닥 강원도 "속초시"

# 해물돌짜장 × 탕수육 × 해물짬뽕

## 📍 가보오토종닭

| | |
|---|---|
| **주소** | 강원 속초시 학사평길 32 |
| **운영 시간** | 매일 10:30~17:00 / 재료 소진 시 마감 |
| **찾아 가기** | 속초 버스터미널에서 차로 15분 소요 |

양양의 봄을 맛본 먹브로. 이들과 함께 밥을 먹고 싶어 하는 먹친구들이 강원도까지 찾아왔다? 이미 맛집 앞에서 기다리는 먹친구들을 만나러 속초로 향한다. 먹브로를 기다리고 있는 먹친구들은 바로 가수 겸 배우로 활동 중인 '수호'와 '홍예지'! 비닐하우스 가득한 농촌 바닥에 가게 앞에만 길게 늘어선 줄. 그 속에 먼저 와 웨이팅 중이었던 먹친구들. 평일에도 줄 서서 먹는 맛집인 이곳은 '토종닭' 간판이 무색한 해물돌짜장 맛집 〈가보오토종닭〉이다.

우연히 시작한 점심 특선 메뉴가 그야말로 초초초초대박이 나면서 속초 여행 필수 코스가 됐다. 이 집은 원래 속초 현지의 해산물(문어, 주꾸미, 오징어 등)로 만든 백숙을 판매하는 로컬 맛집이었다. 그러나 코로나19 때 과거 중국집 경력을 살려 해산물을 활용해 중식 메뉴를 우연히 시작했다가 지금은 백숙보다 중식 맛집으로 명성을 얻어, 현지인들만 찾던 식당에서 외지인도 많이 찾는 식당이 되었다. 토종닭 간판에 짜장면이라니…. 과연 기대에 부응할 수 있을까? 일단 먹

고 보자! 해물돌짜장 매운맛과 순한 맛, 짬뽕 그리고 중식 요리 국룰인 탕수육까지 주문이요!

먼저 등장한 요리는, 뜨거운 기름 샤워를 마친 황금비 고기튀김 '탕수육'이다. 수북한 양파채 위에 달콤한 소스가 듬뿍! 부먹이든 찍먹이든 따뜻할 때 즐겨보자고~ 소스가 묻어도 바삭함이 살아 있는 탕수육! 한입 베어 물면 새콤한 과일 향이 입안 가득하다.

뒤이어 등장하는 메인 메뉴 '해물돌짜장'! 뜨거운 돌판 위 지글지글 끓는 자장면 비주얼부터 합격이다. 맛있는 자장면의 비법은, 바로 뽑아내는 생면! 생면을 뜨거운 물에 한 번, 차가운 물에 한 번 샤워를 마친 후 다시 뜨거운 불길 속에서 짜장에 불맛을 더한 다음, 더 뜨거운 돌판 위에 갓 볶은 자장면을 안착시키면 완성! 순한 맛과 매운맛에도 색깔 차이가 보이는데, 과연 위기를 기회로 만들어준 돌짜장 맛은?

"와, 짜장 맛집이다!" 속까지 끌어서 감탄하는 현무! 짜장 마니아 수호도 인정하는 맛이다. 원래 잘하는 짜장 집에 불 향을 더한 느낌이

다. 그 비법은 바로 면발 한 올 한 올 불길에 휩싸이게 볶아내는 것! 그 때문에 모든 맛이 어우러져 풍미가 고급스러워진다. 또 돌판의 잔열이 지속돼 진해지는 양념 때문에 다 먹을 때까지 뜨겁게 즐길 수 있다. 오랜 기다린 보람이 있구나~

돌판의 힘으로 따스한 온도로 맛있게 유지되는 해산물. 그리고 유난히 부드러운 오징어는 속초산 생물 오징어를 사용해 더 신선하다. 이곳은 속초 오징어 덕장과 바로 연결되어 금어기에도 6개월 치를 미리 냉동 보관해서 사용하고 있다. 그렇게 신선한 해물이 들어가 감칠맛이 더 좋다. 속초 오징어를 짜장에 넣어 먹는 호사라니. 속초라서 맛볼 수 있는 찐 해물짜장면이다.

넉넉하게 남은 짜장 소스에 흰밥 한 주걱까지 해주는 센스! 돌솥비빔밥처럼 지글지글~ 마지막까지 진가를 발휘하는 돌판의 매력! 진해진 짜장에 비벼 더욱 맛깔나다. 마치 첫 끼인 것처럼 모두가 짜장면을 즐기는 이 시간, 잊고 있던 짬뽕이 있었으니…. 국물 한 입에 감탄

이 터져 나오는 먹브로와 먹친구들! 갖은 채소로 깊은맛을 내고 싱싱한 해산물로 감칠맛을 더해 그야말로 바다를 품은 천연 감칠맛의 끝판왕 '해물짬뽕'!

좋은 해산물을 사용해 '완벽' 그 자체인 짬뽕은 이들을 연신 감탄하게 한다. 짬뽕의 가리비조차도 신선 탱글함이 그대로 살아 있어 재료 하나하나가 감칠맛 폭탄이다. 속초에서 만난 뜻밖의 중식. 돌판처럼 따뜻한 한 끼로 마음까지 든든해지는 식사였다.

---

다섯 번째 맛집 소감
**"마지막 한 젓가락까지 갓 만든 듯 따뜻하게!"**

다섯 번째 길바닥 강원도 "속초시"

# 독도 새우회 × 통 직화구이 닭새우

## 📍 아지트

| | |
|---|---|
| **주소** | 강원 속초시 영랑해안길 133-7 |
| **운영 시간** | 수~월 15:00~23:00 / 일~목 21:30, 금~토 23:00 라스트오더 / 매주 화요일 정기휴무 |
| **찾아 가기** | 동명항 포장마차거리 위치, 속초해수욕장에서 차로 약 30분 소요, 속초시외버스터미널에서 차로 약 10분 소요 |

어느덧 비구름이 걷히고 어둠이 내려앉은 시간. 함께 해물돌짜장을 먹었던 수호의 비밀 공간이 있다? 해가 지고 나서야 만나는 낮과는 또 다른 감성이 충만한 속초 밤바다. 가만히 속삭이는 파도 소리를 들으며 맛집을 향해 뚜벅뚜벅 걷는 먹브로. 그때 발견한 수호의 숨겨진 비밀 공간! 이름 자체가 〈아지트〉인 이곳은 동해안의 명품 새우 '독도 새우' 삼총사를 맛볼 수 있는 곳이다!

새우 중매인 사장님 덕분에 저렴한 가격으로 들여와 고급 새우를 즐길 수 있는 도소매 전문점이다. 또 매일 아침 사장님께서 직접 경매로 공수해 오는 각종 해산물과 사장님이 직접 개발한 '홍게+꽃새우+참골뱅이'로 육수를 우려낸 새우 해물탕까지 맛볼 수 있는 곳이다. 아무것도 안 찍어도 살 자체가 달큰한 독도 새우! 한 번도 안 먹어 본 사람은 있어도 한 번만 먹어 본 사람은 없다는 '독도 새우'! 아직 경험이 없는 준빈, 오늘 무조건 반할 예정!

먼저 먹어볼 새우는 바로 남다른 식감을 자랑하는 '꽃새우'. 이곳

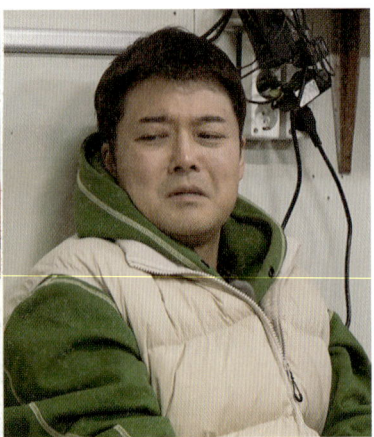

의 법칙은 직접 해 먹는 것! 머리 껍질을 잡고 돌리면 뽀얀 속살이 쏘옥! 광경이 신기한 준빈과 달리 생물과 친하지 않은 현무의 얼굴이 일그러진다. 드디어 인생 첫 독도 새우를 맛보는 준빈! "형…. 너무 맛있다!" 새우 홀릭 준빈은 강제 단식 중인 현무를 위해 새우를 까주지만 먹지 못하는 현무! 결국 사장님 소환! 능숙한 사장님 손길로 완성된 꽃새우회! 기겁하던 현무도 이제 영롱한 꽃새우회를 즐겨보자! 부

드러운 식감에 씹을수록 올라오는 단맛의 꽃새우. 시작은 괴로웠으나 끝은 맛있으리~ 단숨에 빠져버린 꽃새우의 세계! 아직 감동하긴 이르다.

　동해의 거친 파도를 헤쳐 나가야지만 건질 수 있는 심해 속 보물 '도화새우' 차례! 꽃새우보다 훨씬 큼직한 크기에 단맛은 물론 식감도 역대급이다. 윤기가 좌르르 흐르는 새하얀 새우의 속살은 통째로 먹어야 풍미를 느낄 수 있다. 입안 가득 탱글탱글함이 살아 움직이는 도화새우!

　이어서 등장하는 메뉴는 새우요리 별미 중의 별미 '새우 머리 직화구이'와 '닭새우 통 직화구이'! 회로 먹어도 맛있지만 구이로 먹으면 맛이 두 배! 닭새우의 묵직하면서도 쫀득한 식감을 살리는 요리법이 바로 '통 직화구이'다. 뜨거운 열기로 노릇노릇하게 구워 닭새우 참맛을 잘 느낄 수 있다. 직화구이라 오히려 씹는 맛이 좋아진 껍질에 탱글탱글 꽉 찬 새우 속살. 새우는 역시 통째로 먹는 게 꿀맛이다! 새우

머리는 뾰족한 뿔을 떼어 속에 든 내장을 즐기는 게 별미다. 신선함 하나로 승부하는 독도 새우 삼총사! 이 맛 놓치지 않을 거예요~

> 여섯 번째 맛집 소감
> **"이 맛을 이제 알다니!
> 배가 아무리 불러도 이건 먹을 수 있을 것 같아요!"**

## 독도 새우 삼총사

- '독도 새우'는 보통 닭새우, 꽃새우, 도화새우 세 종류의 새우는 독도 인근에서 자주 잡혀 '독도 새우'라 부른다. 하지만 이는 2017년 트럼프 대통령에게 청와대 만찬을 대접할 때 생긴 이름으로 정식 명칭은 아니지만, 동해 전역에 서식하며 국내 최적의 서식지는 울릉도, 독도라고 할 수 있다.

- **'꽃새우(물렁가시붉은새우)'**
  - 붉은빛이 도는 모습이 마치 꽃처럼 아름답다고 하여 붙은 이름이다.
  - 세 가지 중 가장 가격이 저렴하다.
  - 살이 부드럽고 단맛이 난다.
  - 몸통은 생으로 먹고 머리만 따로 구워 먹는다(버터구이로 하지 않고 직화구이로 조리).

- **'닭새우(가시배새우)'**
  - 닭 볏을 닮은 생김새로 지어진 이름이다.
  - 세 가지 중 두 번째로 가격이 비싸다.
  - 묵직하면서도 쫀득한 식감을 가지고 있다.
  - 생으로 먹기도 하지만 통 직화구이로 먹어야 제맛!

- **'도화새우'**
  - 복숭아꽃처럼 곱다는 뜻으로 '도화(桃花)'라는 명칭 붙여진 새우다.
  - 세 가지 중 가장 가격이 비싸다.
  - 닭새우, 꽃새우보다 훨씬 큰 크기(소주병 크기에 가까울 정도로 큰 사이즈).
  - 단맛이 덜 하고 식감이 탱글탱글해서 입안에 꽉 찬 느낌!
  - 수심 300m 심해에 사는 도화새우는 통발로 잡는다. 좋은 품질을 위해 살아 있는 새우만 선별해 차가운 수온을 유지하며 유통된다.
  - 트럼프 대통령 만찬에 올라간 새우이자 '새우깡' 과자 봉지에 그려진 새우의 주인공이다.

꽃새우

닭새우

도화새우

## 여섯 번째 길바닥

# 경상도

구미시

대구광역시

울산광역시

포항시

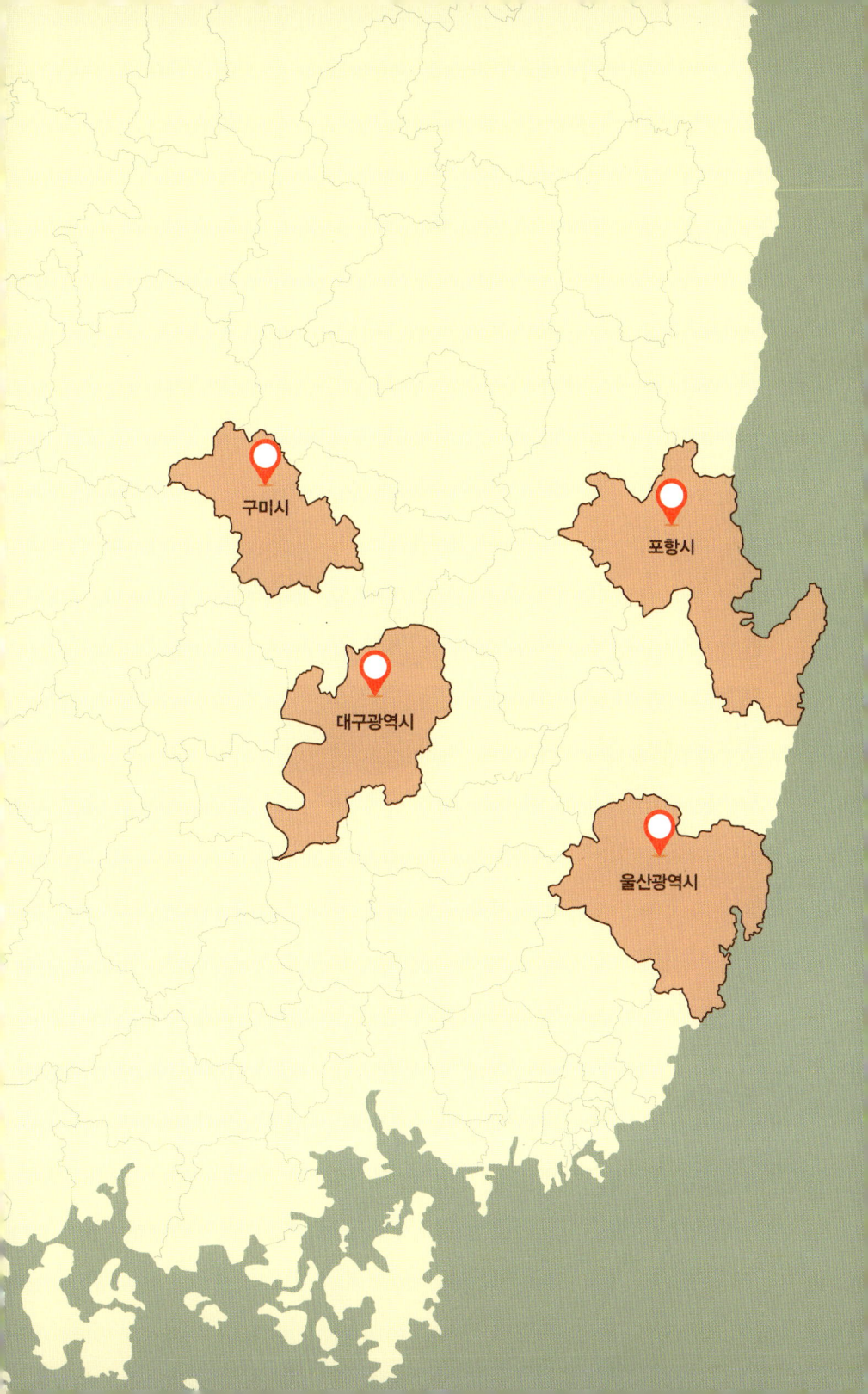

여섯 번째 길바닥 경상도 "구미시"

# 곱창전골

📍 **김태주선산곱창 구미본점**

| | |
|---|---|
| **주소** | 경북 구미시 송원서로 77 |
| **운영 시간** | 매일 08:00~22:30 |
| **찾아 가기** | 김천구미역(경부선)에서 차로 5분, 도보 20분 소요 |

기차를 타고 떠날 마지막 먹트립 길바닥은 경상도 지역이다! 맛의 성지가 모여 있는 구미와 대구를 시작으로 여유로움을 만끽하기 좋은 '31번 국도'를 따라가는 전국 팔도 먹트립! 오직 무계획이기에 가능한 '식(食) 순례길'을 떠나 보자!

식 순례길 그 첫 번째 도시는, '구미'! 〈전현무계획〉 SNS에서 진행한 맛집 추천 이벤트를 통해 구미 맛집을 추천해 준 열혈 시청자의 의견 전격 반영! 먹브로의 맛 취향에 맞게 구미 찐찐찐 로컷 맛집들로만 추천해 주신 시청자! 대구에 막창이 있다면, 구미에는 '선산곱창'이 있다? 구미 시민의 입맛 대통합을 이룬 미스터리한 곱창집 〈김태주 선산곱창〉! 오직 곱창전골 하나만으로 30년을 장사해 구미 사람이라면 모를 수가 없는 로컬 맛집이다. 12시간을 우려낸 돼지 뼈 사골 국물 육수에 듬뿍 들어간 당일 도축한 소창, 울대, 오소리감투, 염통 등 다양한 곱창 부위와 부속!

여기에 들어가는 김치는 매주 2회 직접 담가 이틀간 숙성시켜 포기째 넣어 끓여야 잡내를 제거한다. 이것이 바로 '구미식 선산곱창 전골'! 구미에서만 먹을 수 있다는 곱창전골과 김가루와 참기름을 넣어 대접에 나오는 '대접밥' 주문 들어갑니다~

선산곱창 입문하는 먹브로. 김치를 곱창전골에 넣어 먹는다는 소리에 화들짝 놀란다. 김치를 넣기 전에도 감칠맛이 폭발하는데, 과연 곱창과 김치의 만남은 어떤 맛을 이룰까? 허여멀겠던 국물이 빨갛게 변하고 김치가 어느 정도 익었을 때가 숟가락을 들 타이밍! 얼큰한 국물이 절묘하고도 완벽한 궁합을 이룬다! 육수 머금은 오동통한 돼지곱창도 한 입 해보는 먹브로. 신선한 곱창은 쫄깃쫄깃하고 부드러운

식감을 자랑한다.

  전국에 수많은 곱창전골이 있지만 이걸 위해 구미까지 와도 아깝지 않은 맛. 곱창전골의 신세계, 이것이 구미 시민 대통합을 이룬 맛! 달큰한 배추와 얼큰한 국물의 조합은 맛에 냉정한 현무도 흥분하게 만드는 맛이다. 고소한 흰 밥에 쫄깃한 곱창을 얹고 담백한 김치를 딱 올려 먹으면 또 완벽한 삼합으로 먹는 방법까지. 이 빨간 국물에 볶음밥이 빠지면 섭섭하지! 볶음밥 진행시켜! 남은 곱창과 채소를 잘게 자르고 밥, 김, 참기름 볶음밥 삼총사를 투하해 걸쭉한 국물이 밥알에 스미도록 볶볶볶! 한 입 맛 보는 현무의 한마디 "끝."

볶음밥은 이것으로 종결한다. 먹어도 먹어도 계속 손이 가는 볶음밥! 흉내도 낼 수 없는 유일한 맛, 든든한 한 끼로 딱 좋은 곱창전골. 남녀노소 호불호 없이 좋아할 구미만의 곱창전골. 오늘부터 구미는 곱창전골의 도시! 열혈 시청자님 맛있는 추천, 감사합니다!

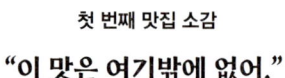

첫 번째 맛집 소감
**"이 맛은 여기밖에 없어."**

### 선산곱창

- 1967년 선산읍 장터에서 훗날 '곱창할매'로 불리는 강선희 할머니가 차린 '대한식당'에서 어르신들이 국밥과 같은 가격에 막걸리 한 사발과 곱창 한 그릇을 먹을 수 있게 저렴한 돼지 곱창으로 전골을 만들면서 인기를 끌게 됐다.
- 곱창의 잡내를 제거하기 위해 곱창전골에 김치를 넣어 끓여 먹는다.
- 익은 김치는 향이 강해 곱창 특유의 맛을 방해하기 때문에 담근 지 2~3일 된 김치를 사용한다.
- 12시간 동안 우려낸 사골국물 육수에 양파와 대파, 김치, 야채, 소장, 염통, 오소리감투(위), 울대, 물렁살, 오돌뼈 등 다양한 부속이 들어간다.

여섯 번째 길바닥 경상도 "대구 중구"

# 육개장

## 📍 옛집식당

| | |
|---|---|
| 주소 | 대구 중구 달성공원로6길 48-5 |
| 운영 시간 | 월~토 11:00~15:00 / 14:30 라스트오더 |
| | 매주 일요일 정기휴무 |
| 찾아 가기 | 서문시장역 2번 출구에서 316m |

구미의 맛을 잔뜩 배부르게 느낀 현무의 반짝 퀴즈 타임! "지역별 대표 국밥을 나열하시오." 서울은 설렁탕, 병천은 순대국밥, 부산은 돼지국밥, 통영은 굴국밥. 그렇다면 대구는? 대구에 유명한 탕 중의 탕, '대구탕'이 있다! 대구의 명물 대구탕을 먹으러 대구에 오다! 옛 골목길에 숨겨진 대구탕 맛집은 과연 어디일까?

1948년부터 약 76년의 역사를 자랑하는 전설의 식당. 울퉁불퉁 바른 벽지가 추억을 부르는 옛 가정집 느낌이 풀썬 풍기는 이곳! 그런데 대구탕을 먹으러 온 줄 알았는데 메뉴는 '육개장' 하나뿐이다? 머릿속에 있는 그 '대구'는 잊어라! 먹브로가 먹으러 온 대구탕은 바로 '육개장'! 대구에서 시작해 '대구탕반', '대구탕'으로 불린 것이 전국으로 퍼지면서 우리가 흔히 아는 '육개장'이란 이름이 붙게 된 것이다. 벌써 3대에 걸쳐 이어져 온 〈옛집식당〉은, 초대 사장님이 일제강점기(1948년) 때 징용 간 남편이 해방 후에도 돌아오지 않자, 생계를 책임

잡지 〈별건곤〉에 실린 육개장의 유래

지기 위해 지금 자리에서 식당을 시작하셨다. 그렇게 70여 년에 걸쳐 며느리와 손자가 비법을 이으며 맛과 자리를 지키고 있다.

 무와 대파의 흰 뿌리만 사용해 깔끔하고 담백한 맛을 낸 국물과 큼직하게 가득 들어간 파의 개운함과 단맛을 제대로 느끼고 싶다면 꼭 와야 하는 곳! 육개장의 본고장 대구에서 맛보는 전설의 육개장, 그 맛을 맛보도록 하자!

 군더더기 없이 단출한 한 상. 먼저 아무것도 첨가하지 않은 본연의 맛을 느껴보는 먹브로. 여정은 무계획이지만 먹부림은 철저한 계획이 있는 법! 국물 한입에 눈앞이 아득해지는 깊은맛이 온몸에 전율을 일으킨다. 육개장은 한계가 있는 줄 알았는데 선입견을 깨는 맛! 이것

이 바로 대구에서 시작되어 전 국민의 입맛을 사로잡은 이유다. 또 다양한 향과 여러 맛을 보유하고 있는 대파가 끓일수록 개운하고 단맛이 우러나와 육개장을 잘 몰라도 반할 수밖에 없는 깊은맛이 난다.

　이런 육개장에 기호에 맞게 알싸한 다진 마늘과 매콤짭짤한 쪽파 무침을 넣어 먹으면 새로운 맛의 향연이 펼쳐진다! 육개장 맛의 변주에 속수무책으로 빠져드는 먹브로. 육개장 속 대파가 흐물거리는 반면, 쪽파 무침은 식감이 살아 있어 파를 좋아하는 사람들이라면 누구나 좋아할 수밖에 없다. 게다가 잘게 찢긴 서울식 육개장과 달리 고기를 큼직하게 통으로 들어간 이곳의 육개장. 주로 사태 부분을 사용하고 고추기름을 따로 쓰지 않고 고기를 삶을 때 거기서 우러난 기름을 사용한다. 질 좋은 고기를 쓰는 이유는 바로 국물과 식감을 모두 잡기 위함이다. 이렇게 큼직하게 썰어주시면 한입에 가득 먹는 게 예의!

　"미쳤다"라는 감탄사로도 설명할 수 없는, 장국 하나로 모든 것을

잘게 찢긴 서울식 육개장(좌)과 달리 고기를 큼직하게 통으로 들어간 대구식 육개장(우)

말하는 '옛집식당'의 육개장! 대를 이어 지켜온 진정한 육개장의 맛. 고기와 대파만으로 최상의 맛을 전하는 진정한 고수는 으스대지 않는 법이다.

> 두 번째 맛집 소감
> **"참 신기해. 고기랑 대파뿐인데, 어떻게 이런 맛이 나지?"**

### 대구육개장(대구따로국밥)

- 대구식 육개장은 보통 사골과 사태를 고아낸 육수에 대파, 무, 고춧가루를 듬뿍 넣어 얼큰하게 끓인 국밥을 일컫는다.
- 1929년 일제강점기 시절 발행되었던 잡지 〈별건곡〉(1926~1934)에 '육개장은 개고기를 먹지 못하는 사람들의 사정을 살펴 소고기로 만든 국인데 지금은 대 발전을 해서 본토인 대구에서 서울까지 진출했다'라고 소개되어 있다.
- 옛날에는 대구탕(大邱湯, 대구반탕(大邱湯飯))의 이름으로 불렸다.
- 대구에서 '따로국밥'이라고 하면 이 대구육개장을 일컫는 말이다. 6.25 당시 피란민들이 식당에서 '밥 따로 국 따로'를 주문하면서 생겨난 것이 따로국밥인데, 대구에서는 이 육개장이 피란민들 사이에서 인기를 끌며 따로국밥의 대명사가 되었다.

### 대구 10味

소막창 구이, 뭉티기, 동인동 찜갈비, 논메기 매운탕, 복어불고기, 누른국수, 무침회, 야끼우동, 납작만두, 따로국밥

여섯 번째 길바닥 경상도 "대구 남구"

# 매운 갈비찜 × 꼬리곰탕

## 📍 우미가

| | |
|---|---|
| **주소** | 대구 남구 대덕로40길 2 |
| **운영 시간** | 화~일 10:00~22:00 / 15:00~17:00 브레이크타임<br>14시, 21시 라스트오더 / 매주 월요일 정기휴무 |
| **찾아 가기** | 건들바위역에서 대중교통 약 20분 소요 |

육개장 한 그릇의 역사를 배불리 먹은 현무와 준빈. 대구 하면 빠질 수 없는 '매운맛'! 그중에서도 10味 중 하나인 '찜갈비(양푼 찜갈비)'을 먹기 위해 어디론가 향하는데? 당연히 동인동 골목으로 가는 것일까? 하지만 우리가 누구인가, 뻔한 데는 가지 않는다! 동인동이 아닌 봉덕동에 도착한 이들! 이때 낯설지 않은 여인을 발견하는데, 바로 1세대 여행 크리에이터 '이원지'다. 현무와도 촬영으로 만난 적 있는 원지. 정겨운 향수 가득한 주택가 골목을 쭉 걷다 보면 마주하게 되는 봉덕동 동네 골목에 숨은 매운 양푼 갈비찜 맛집! 맵고수 현무와 맵찔이 준빈&원지, 외관부터 느껴지는 로컬 맛집 〈우미가〉에 입성하다.

벌써 장사한 지 30년이 넘는 동네 갈비찜 맛집으로 사장님 부부와 요리를 전공한 딸이 함께 운영 중인 곳이다. 처음 고기에 대해 전혀 모르는 상태로 시작하며 식당 운영에 시행착오를 많이 겪었다는 사장님. 하지만 그런 시련들이 있었기에 지금은 故 송해 선생님이 생전 대구에 방문할 때마다 곰탕을 먹으러 꼭 방문하셨을 만큼 '갈비찜'과

'곰탕' 맛집으로 알려져 있다.

특히 이곳의 갈비찜은 동인동과 스타일이 다르다! 빨간 양념과 마늘만 들어간 동인동 갈비찜과 달리 이 집은, 1차로 갈비를 6시간 푹 삶은 뒤 이 국물을 배, 양파, 물엿 등과 넣어 만든 양념장을 만든다. 그리고 2차로 1시간 정도 더 삶아주는 것이 포인트! 갈비, 적당한 혼합 비율의 고춧가루, 다진 마늘을 듬뿍 넣고 볶듯이 졸여내고, 채소는 양파, 당근, 파만 들어가 천연 단맛으로 매운맛을 잡아준다. 현무처럼 맵부심이 있는 자들을 위해 청양고추를 많이 넣어 얼큰하게도 주문 가능하다. 매운맛 마니아들의 대구 갈비찜 성지에서 차별화된 매운맛을 자랑하는 갈비찜으로 땀 한번 시원하게 빼보자!

대화 꽃이 필 때 차려지는 밑반찬과 갈비찜! 매일 아침 손수 만드는 반찬들과 계절 나물이 입맛을 돋운다. 그리고 이 집만의 기본 반찬이자 30년 세월의 숨은 조력자, 구수한 곰탕 국물까지! 정갈하고 매콤하고 구수한 맛 한 상이 차려졌다. 강렬한 대구의 맛은 과연 어떨까?

갈비는 역시 뜯어야 제맛! 순한 맛을 선택한 준빈이 화끈하게 첫입을 뜯는다. 유일무이한 대구의 맛에 눈이 번쩍 뜨인다. 그리고 매운 갈비찜 최고 맵기에 도전하는 현무! 역시 맵고수에게도 맛있게 매운 맛이다. 갈빗대를 잡고 뜯어 먹다 보니 느껴지는 질 좋은 갈비의 식감! 보통 간장 베이스의 갈비에 '맛있다'는 표현은 "입에 넣자마자 '헤베베베베' 녹아버리고 앞니만 대도 쏙 빠지는" 것으로 표현한다. 그러나 갈비찜의 표현에 적확한 것은 바로 '식감'! 고로 '질기지 않다'가 매우 적절한 표현이다. 갈비의 식감과 양념의 궁합은 하루아침에 나온 것이 아니다. 갈비를 삶아낸 육수로 풍미를 한층 더 깊게! 이것이 30년의 내공이다.

그런데 순한 맛을 먹던 준빈이 땀을 뻘뻘 흘리며 힘들어하는데? 순한 맛에서도 느껴지는 대구의 매콤함에 제대로 혼나는 중! 그만큼 엔도르핀이 분비되는 매운맛의 갈비찜! 그런 준빈을 위해 등장하는 '꼬리곰탕'! 뽀얀 국물에 담긴 30년의 비법. 우유처럼 하얀 빛깔이 될 때까지 팔팔 끓여주고 대추, 인삼, 소 꼬리뼈를 넣고 한소끔 끓이면 진한 보양 한 그릇이 완성된다. 준빈의 매운맛을 달래줄 명예 소방관! 꼬리 고기의 육질도 부드러움의 끝판왕이다. 국물은 은근하게 속을 데우는 가장 한국적인 시원함이 일품이다.

---

세 번째 맛집 소감
**"근본 있는 매운맛, 대구에서 한 수 배워갑니다."**

### 대구 동인동 찜갈비

- 60년대 후반, 대구 동인동의 한 실빗집에서 공사 인부들의 요청에 소갈비와 매운 양념을 넣고 끓여주던 찌개가 변화를 거쳐 현재의 찜갈비가 된 것으로 추측된다.
- 일반적으로 간장과 야채를 넣어 만드는 갈비찜과 달리, 야채를 넣지 않고 매운 고춧가루와 마늘을 넣어 맵고 얼큰한 맛을 강조하는 것이 특징이다.
- 동인동 찜갈비 골목은, 1960년대 대구시 동인동 유난히 갈비를 좋아했던 부부가 더운 날이면 정육점에서 갈비를 사와 가마솥에 푹 익혀 먹었다. 처음에는 소금에만 찍어 먹다가, 얼큰한 맛을 좋아하는 남편을 위해 점차 마늘과 고추를 듬뿍 곁들여 먹게 되었고 이것이 점점 발전하여 부부만의 매운 소스를 개발하게 된 것이다. 이 맛이 소문이 나면서 가마솥에 찐 갈비를 손님에게 팔기 시작한 것이 찜갈비 골목의 기원이다.

### 대차게 맵고, 화끈한 대구의 맛!

- 대구 음식을 관통하는 키워드는 '매운맛'! 겨울에 춥고 여름에 무더운 기후를 가진 지역적 특성인 '분지' 때문이다.
- 고춧가루에 들어있는 캡사이신 성분은 여름에는 땀을 배출해 주고, 겨울에는 찬 몸을 덥혀주는 역할을 한다.
- 또 다른 이유는 곡창지대도 아니고 해안가도 아니어서 식자재 보급이 원활하지 않았기에 음식을 맵고 짜게 조리하게 되었다는 것이다.

여섯 번째 길바닥 경상도 "대구 중구"

# 냉잔치국수 × 손칼국수 × 밀수제비

## 📍 명신손칼국수(서문시장)

| | |
|---|---|
| 주소 | 대구 중구 큰장로28길 28 서문시장 4지구 |
| 운영 시간 | 매일 09:00~18:00 / 매달 1, 3번째 일요일 정기휴무 |
| | (5번째 일요일은 상가마다 상이, 4번째 일요일은 3~4층 휴점) |
| 찾아 가기 | 서문시장역 2번 출구에서 11m |

매운 것을 먹었으니 이제 다른 음식으로 속을 달래볼 차례! 이번 맛 나들이의 장소는 대구 최대의 전통 시장 '서문시장'이다. 대구 읍성 서문 밖에 있는 시장이라고 하여 '서문시장'이라는 명칭이 붙었다. 또 조선 중기부터 시작된 100년의 역사와 전통을 자랑하는 곳으로, 대구뿐 아니라 전국에서도 손꼽힐만한 대규모의 재래시장이다. 대구를 대표하는 납작만두, 떡볶이, 호떡, 칼국수 등 다양한 먹거리를 모두 만나볼 수 있다. 역대 촬영 중 가장 활기 넘치고 사람이 붐비는 서문시장에서 세 사람은 과연 어떤 맛남을 마주할까?

대구의 아들 '이찬원'이 추천한 서문시장의 명물 '칼국수'! 시장 상인들과 방문객의 든든한 한 끼를 책임지는 후루룩 먹는 한국인의 소울푸드로, 서문시장의 칼국수 거리는 명물로 통한다! 과연 어느 집이 맛있을까~ 먹레이더 발동한 먹브로의 눈에 들어온 한 곳, 〈명신손칼국수〉! 한 자리에서 대를 이어 20년째 같은 맛, 같은 방법으로 운영 중인 이 집은, 화려하지 않아도 정성이 더해진 할머니의 손맛이 느껴

지는 곳으로, 매장에서 손수 반죽한 면과 수제비로 부드럽고 쫄깃함이 일품인 곳이다. 손으로 직접 반죽하는 것이 더 쫄깃하고 부드러워 손맛을 고수하고 있다. 쫄깃한 칼국수는 콩가루로, 쫀득한 수제비는 찹쌀가루로 두 개의 식감을 한 번에 맛볼 수 있다. "섞어 3개 하고예, 대구 스타일로 냉(冷)잔치 하나 주이소~"

봄동, 김가루, 깨만으로 토핑은 순수하게, 차가운 육수로 대접을 가득 채운 시원한 대구의 맛 '냉잔치국수' 등장! 생전 처음 경험해 보는, 잔치국수의 상식을 깨버리는 대구의 별미, 어떤 맛일까? 깔끔한 맛의 정석인 국물! 점점 더워지는 날씨에 생각날 맛이다. 냉잔치국수가 입에서 잔치를 벌이네~ Party Noodle time~ 파티는 지금부터 클라이맥스다!

입안에서 춤추는 리드미컬한 칼국수와 무심한 듯 뜯어낸 한입 크기의 수제비가 진한 육수에 스며들고, 다른 멋 낼 필요 없이 봄동이면 충분하다. 손칼국수와 밀수제비의 반반 만남 '섞어' 선수 나가신다~ 면발부터 국물까지 감탄의 연속을 자아내는 현무. 폼은 일시적이지만 클래식은 영원하다.

심금을 울리는 진한 국물! 멸치, 밴댕이, 파, 고추, 다시마로 우려낸

육수가 바로 진국의 비밀이다. 매일매일 새로 만들어 육수마저도 알찬 '명신손칼국수'의 섞어!

두께도, 굵기도 제각각이지만 정성은 가득 담긴 한 그릇. 맛을 끌어올리는 비법 양념장을 넣으면 한 그릇 두 가지 맛을 즐길 수 있다. 진한 육수에 정성스러운 손맛. 대구 서문시장으로 한 그릇 하러 오이소~!

네 번째 맛집 소감
**"이런 수제비를 먹으면 엄마가 해주던 수제비가 생각나."**

여섯 번째 길바닥 경상도 "대구"

# 대구 4대 떡볶이

### 📍 중앙떡볶이

| | |
|---|---|
| 주소 | 대구 중구 동성로2길 81 |
| 운영 시간 | 월~토 11:30~19:30 |
| | 매주 일요일 정기휴무 |
| | (재료 소진 시 조기 마감, 브레이크타임 전화 확인 요함) |
| 찾아 가기 | 중앙로역 2번 출구에서 365m |

### 📍 방촌시장원조떡볶이

| | |
|---|---|
| 주소 | 대구 동구 동촌로46길 2 |
| 운영 시간 | 매일 09:00~21:30 |
| 찾아 가기 | 방촌역 2번 출구에서 505m |

## 📍 달고떡볶이

| | |
|---|---|
| 주소 | 대구 달서구 야외음악당로39길 54 삼정그린빌상가 113동 107호 |
| 운영 시간 | 매일 10:30~20:00<br>매달 2, 4번째 화요일 정기휴무 |
| 찾아 가기 | 두류역 7번 출구에서 174m |

## 📍 윤옥연할매떡볶이 본점

| | |
|---|---|
| 주소 | 대구 수성구 들안로77길 11 |
| 운영 시간 | 화~일 10:00~20:30<br>매주 월요일 정기휴무 |
| 찾아 가기 | 대구은행역 4번 출구에서 862m |

원지를 보내고 어디론가 향하는 먹브로. 떡 종류도 소스도 가지각색, 사이드 메뉴까지 천차만별! 웬만한 떡볶이는 먹을 만큼 먹어봤다. 떡볶이 성지 대구에서 최고의 떡볶이를 찾아라! 수백 가지 떡볶이 맛집 중 먹브로와 지인들이 추천한 '대구 4대 떡볶이'를 맛보고 대구 1티어 떡볶이집을 선정해 보자! 〈전현무계획〉 배 제1회 대구 제일 떡볶이 대회를 위해 도와줄 먹친구, 현무의 지인이자 천만 배우 '고규필' 배우가 함께한다!

해가 지고 난 저녁, 각자 흩어져 4대 떡볶이를 포장해 수성못에 모인 이들! 근황도 묻기 전에 떡볶이 자랑부터 하는 준빈과 규필. "식기 전에 빨리 먹어야 돼요, 진짜 맛있어요!" 하지만 대구 4대 떡볶이인 만큼, 현지인들의 호응도도 확인해 봐야 하는 법! 떡볶이집 이름이 불릴 때마다 느껴지는 시민들의 박수와 환호에 4대 떡볶이의 인기를 실감한다.

중떡 — 당일 뽑은 '가래떡'과 진한 카레 향! 납작만두와의 환상 조화!

첫 번째 떡볶이, 대구 최고 번화가 동성로의 명물 〈중앙떡볶이〉! 오직 떡볶이를 위해 대구까지 천만 배우 규필이 찾아가 봤다. 1979년부터 영업을 시작해 지금까지 직영점이나 체인점 없이 오직 한 자리에서만 운영하고 있다. 매일 아침 방앗간에서 국산 햅쌀로 빚은 가래떡만 받아와 먹음직스럽고 통통한 쌀 떡볶이! 쌀떡이어도 간이 속까지 잘 배고 쫄깃한 식감이 살아있다. 그리고 국물에 밥 말아 먹는 손님이 있을 만큼 조림 스타일의 국물에서 카레 맛이 진한 게 이 집의 특징이다. 여기에 빠질 수 없는 '중떡'의 단짝 대구 명물 납작만두까지! 떡볶이 소스에 묻혀 먹으면 매콤, 담백, 감칠맛이 폭발해 환상 조화를 이룬다.

**방떡** 쫄깃한 '밀떡', 학교 앞 추억의 맛! 김밥 튀김과 환상의 짝꿍

두 번째 떡볶이는 코미디언 '김민경'이 추천한 〈방촌떡볶이〉! '방떡'을 담당한 준빈은 천막에 붙은 '김민경 플래카드'를 보고 단번에 찾았다. 이곳은 대구에서 손꼽히는 떡볶이 맛집이자 40년 전 그 맛을 유지해서 대구에서 사랑받는 곳이다. 어릴 때 학교 앞에서 팔던 추억을 간직한 맛의 밀 떡볶이로, 한입 넣자마자 혀가 기억하는 맛! 여기에 굵게 만 김밥을 튀김 반죽에 튀겨낸 '김밥 튀김'까지 곁들이면 익숙한 듯 신선한 맛이 엄청난 맛의 시너지를 낸다. "역시 김민경 님이구나!"

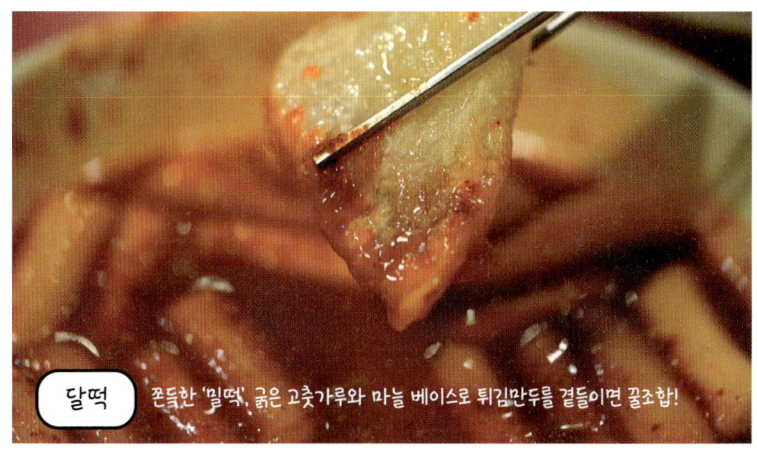

달떡 — 쫀득한 '밀떡', 굵은 고춧가루와 마늘 베이스로 튀김만두를 곁들이면 꿀조합!

세 번째 떡볶이는 제작진이 찾아간 쫄깃한 밀떡의 정석 〈달고떡볶이〉! 달성고등학교 앞 명물로 달성고 학생들의 방과 후를 책임지는 곳이다. 이곳 역시 밀떡을 사용해 노포 맛집의 비밀을 머금은 빨간 양념장을 사용한다. 굵은 고춧가루 팍팍 들어갔지만, 설탕과 물엿이 많이 들어가 대구 4대 떡볶이 중 가장 맵지 않고 달짝지근한 맛이 일품이다! 그리고 사이드 메뉴인 튀김만두가 이 집의 킥이다. 직접 만든 만두를 온종일 튀겨내는 사장님! 납작만두와 달리 당면이 많이 들어간 이 튀김만두를 넣어 먹기 위해 국물도 자작한 편으로 떡볶이와 완벽 조화를 이룬다. 이 만두를 넣어야 진정한 달떡의 맛을 느낄 수 있다.

**윤떡** 강렬한 후추 향, 비법 양념장으로 맵기 조절 가능! 어묵튀김도 원조!

마지막 떡볶이 후보는, 현무가 일주일에 두 번씩 먹었을 정도로 잘 알고 있는 대구 떡볶이의 원조 〈윤옥연할매떡볶이〉! 윤옥연 할머니는 신당동에 '마복림' 할머니와 통인시장 기름떡볶이 '김인옥' 할머니와 함께 떡볶이계 3대 할머니 중 한 분이다! 1976년에 개업해 매운맛 마니아들의 성지다. 넉넉한 국물과 고춧가루, 후춧가루의 찌르는 듯한 중독성 강한 매운맛이 특징으로, 양념장에 물엿과 설탕이 하나도 들어가지 않아 매콤달콤한 맛이 전혀 없이 오로지 매운맛뿐! 더 강한 매운맛을 원한다면 양념장 추가는 필수다. 떡볶이만 원조일쏘냐, 어묵튀김도 원조다! 내가 바로 대구 떡볶이 붐의 시초 '윤떡'이다!

대구 4대 떡볶이를 모두 맛본 먹브로와 규필의 선택은?

[준빈/규필] 무난한 떡볶이 + 납작만두의 '중떡'

[현무] 마음속 1순위는 '윤떡', 대중적인 1순위는 '달떡'

타협할 수 없는 순위 경쟁! 입맛 취향 따라 여러분도 대구 4대 떡볶이 경험해 보세요~

> 다섯 번째 맛집 소감
> **"맵고수는 '현무 픽', 맵찔이는 '준빈&규필 픽'!"**

### 떡볶이의 도시 대구

- 떡볶이에 진심인 곳! 대구 떡볶이는 개성이 뚜렷하다. 유난히 맵고 중독성 강하며, 국물이 많은 것이 특징!
- '국물 떡볶이'가 대구에서 시작! 국물 떡볶이로 유명한 '신전떡볶이' 본사가 대구에 있다.
- 6·25전쟁 당시 대구역을 통해 보급되던 원조 식량 밀가루가 고추장 떡볶이로 발전했다. 당시 피난민촌이었던 고성·칠성·대현동 일원이 떡볶이의 역사·문화적 배경이 된 곳이다.
- 1990년대 후반은 떡볶이 춘추전국시대로 궁전떡볶이, 황제떡볶이, 신전떡볶이, 빨간지붕 등 많은 떡볶이 브랜드가 생겨났다.

### 대구 4대 떡볶이 맛과 특징

- 떡 종류(밀떡vs쌀떡) / 식감
  - 윤옥연 : 밀떡. 퍼지지 않고 쫀득한 식감
  - 달고 : 밀떡. 쫄깃한 식감
  - 중앙 : 굵은 쌀떡. 떡에서 은은한 단맛이 남
  - 방촌떡볶이 : 밀떡. 쫀득한 식감

- 떡볶이 국물의 농도
  - 윤옥연 : 색이 탁하고 국물이 묽고 국물 양이 많음
  - 달고 : 고춧가루 베이스로 국물이 진하지 않고 묽은 스타일. 닭볶음탕 국물 같음
  - 중앙 : 윤옥연, 달고보다 자작하고 진득한 편. 조림 같음
  - 방촌떡볶이 : 묽은 편으로 튀김 적셔 먹기 좋음

- 전체적인 맛(짠맛, 단맛, 단짠단짠, 숙성된 맛, 감칠맛 등등)
  - 윤옥연 : 매운 고춧가루의 맛과 후춧가루의 찌르는 듯한 매운맛이 남. 냄새 맡고 있으면 재채기 나올 것 같음
  - 달고 : 설탕과 물엿이 많이 들어간 달짝지근한 맛. 4곳 중 가장 맵지 않음. 튀김만두를 찍어 먹기 딱 좋은 달달하게 계속 당기는 맛
  - 중앙 : 단짠 매콤
  - 방촌떡볶이 : 살짝 매콤하지만 달콤한 맛

- 맵기
  - 윤옥연 : 엽떡보다 덜 매움. 더 맵게 원하는 경우 다대기 양념장을 국물에 풀어서 먹기
  - 달고 : 굵은 고춧가루가 들어가 비주얼상 매워 보이지만 아이들도 먹을 수 있는 정도
  - 중앙 : 카레 가루가 들어가 적절한 맵기. 매운맛의 균형을 잘 잡은 듯
  - 방촌떡볶이 : 살짝 매콤

- 사이드메뉴와 떡볶이 조합
    - 윤옥연 : 어묵튀김의 원조. 넉넉한 국물에 어묵튀김을 찍어 먹으면 떡볶이 맛이 더 맛있음
    - 달고 : 남은 떡볶이 떡을 비법 간장에 찍어 먹는 게 별미. 떡볶이에 들어간 삼각 만두는 소스에 절여져 소스 맛과 당면이 조화를 잘 이룸
    - 중앙 : 튀기지 않고 바삭하게 구워낸 납작만두. 떡볶이를 싸 먹는 조합이 좋음! 쫄깃+바삭!
    - 방촌떡볶이 : 김밥 튀김과 찍어 먹으면 김밥과 떡볶이를 같이 먹는 일석이조!

여섯 번째 길바닥 경상도 "대구 수성구"

# 뭉티기 × 오드레기

## 📍 수라생고기

| | |
|---|---|
| **주소** | 대구 수성구 만촌로 2 |
| **운영 시간** | 월~토 16:00~22:30 / 매주 일요일 정기휴무 |
| **찾아 가기** | 만촌역 4번 출구에서 189m |

우열을 가리기 어려운 대구 4대 떡볶이 최강자전을 마치고 대구의 숨겨진 미(味)친 맛을 먹으러 움직이는 먹브로와 규필. 떡볶이 대회를 위해 대구까지 한달음에 와준 규필을 위한 대구의 마지막 맛집은 진~한 육향과 쫀득한 식감 1인자, 대구 10미 '뭉티기'와 씹는 식감이 일품인 '오드레기'를 맛볼 수 있는 〈수라생고기〉다!

'당일 도축! 당일 판매'가 원칙인 이곳은 육향 진하게 느껴지는 로컬 한우 생고기 맛집으로, 소 우둔살 생고기를 고깃결대로 뭉텅뭉텅 썰어서 젤리처럼 쫀득하고 찰진 식감을 자랑하는 '뭉티기'를 즐길 수 있다. 매년 안동 고추를 사서 직접 방앗간에서 빻아 만들어 10일간 숙성한 매콤한 비법 양념에 푹 찍어 먹으면 몇 접시를 먹어도 절대 질리지 않는 마법의 맛!

그리고 떡심처럼 쫄깃한 식감을 자랑하고 한우 한 마리에 200~600g만 나오는 귀한 '오드레기'와 차돌박이의 조합까지, 언제나 옳은

당일 도축한 '생고기' vs. 숙성과 양념해서 먹는 '육회'

고소한 기름 맛까지 맛볼 수 있다. 하루 숙성하는 육회와 달리 당일에만 먹을 수 있는 뭉티기 3인분과 오드레기 2인분 주이소~

주문과 동시에 정성이 깃든 밑반찬이 나오는데 그중 눈길을 사로잡는 것, 바로 천엽이다. 소 위의 일부로 신선한 것은 채로 썰어 회로 즐기기도 한다. 단출한 밑반찬에서도 느껴지는 재료 부심! 한껏 부푼 기대와 함께 극강의 신선함을 자랑하는 뭉티기 등장! 신선함의 상징인 암적색의 뭉티기는 접시를 뒤집어도 안 떨어진다? 바로 도전해 보는 먹브로! 접시에 착 붙어 흔들어도 떨어지지 않는 눈에 보이는 신선도와 찰기에 감탄하게 된다. 조심스럽게 뭉티기 한 점을 양념장에 콕 찍어 먹으면, 눈에 보였던 식감이 입안에서 쫀득하게 살아 움직인다.

눈 깜짝할 사이 어느새 깨끗해진 뭉티기 접시. 서운해지기 전 오드레기 갑니다~ 오드레기를 먹기 좋은 크기로 자르고 차돌(양지)도 얇게 잘라 프라이팬에 1차 굽고, 오븐에서 2차로 구워 기름기를 쏙 빼

담백함이 up! 식감 깡패 뭉티기를 능가하는 오드레기만의 식감! 쫄깃쫄깃한 식감에 헤어 나올 수 없다. 오드레기와 차돌의 꼬들한 컬래버, 이 맛에 대구에 온 보람이 느껴진다.

귀한 신선한 뭉티기부터 쫄깃한 오드레기까지 시종일관 감탄만 나오는 맛의 향연. 이것이 피날레를 장식하는 대구의 味친 풍미다.

> **여섯 번째 맛집 소감**
> **"대구에서의 마지막 밤, 잊지 못 할 거예요."**

**현무의 먹팁**

1. 일단 아무런 양념 없이 '고기만' 먼저 먹기
2. 소금을 살짝 찍어서 한 번 더 육향을 즐기기
3. 비법 양념장에 푹 찍어 먹기

## 대구 10味 '뭉티기'

- 경상도 사투리로 고기를 '뭉텅뭉텅' 썰어낸다는 것에서 유래된 이름이다.
- 소의 우둔살(엉덩이살)을 사용해 만들고, 운동량이 많을수록 더 색이 짙으며 쫄깃한 식감을 자랑한다.
- 신선도가 생명이기 때문에 도축 당일에만 먹을 수 있다.
- 운동량이 많을수록 진한 빛깔(암적색)을 띠며, 산소와 닿는 시간이 길어질수록 색이 밝아진다. 즉, 암적색은 신선한 뭉티기라는 증거!
- 육회와 달리 양념을 하거나 버무리지 않는 것이 특징이다.
- 1950년대부터 먹기 시작한 것으로 추정. 대구 달서구 두류동에 '우시장'이 섰는데, 경북 청도 등 한우로 유명한 지역의 소를 한 곳에 모아 판매했다. 한 해 수만 마리의 소가 사고 팔렸던 큰 시장이었다고 한다. 여기서 뭉티기를 비롯해 소와 관련된 다양한 음식이 대구에서 생겨났다.
- 먹을 것이 부족하고 주머니 사정이 넉넉하지 못한 서민들의 안주로 대구의 한 실빗집에서 뭉티기를 처음 안주로 팔기 시작했다고 한다.

## 오드레기

- 소 대동맥으로 한 마리당 200~600g 밖에 나오지 않는 귀중한 특수 부위다.
- 쫀득하면서도 오들오들한 식감 때문에 '오드레기' 라는 이름이 붙여졌다.
- 기름 막을 제거해야 해서 손질이 까다로운 편이다.
- 보통 차돌박이(양지)와 함께 구워서 고소한 기름과 오드레기의 쫀득한 식감을 함께 즐긴다.

여섯 번째 길바닥 경상도 "울산 언양"

# 언양 불고기 한 상

## 📍 언양기와집불고기

| | |
|---|---|
| 주소 | 울산 울주군 언양읍 헌양길 86 |
| 운영 시간 | 월~일 11:00~20:50 |
| 찾아 가기 | 언양읍성 남문사거리, 김양국과 파리바케트 근처 위치 |

운무에 싸인 비경, 신비한 전설이 있을 법한 대한민국의 알프스, 울산 울주군 언양읍에 상륙하다! 울산~밀양, 양산, 청도, 경주 등 해발 1,000m 고봉이 줄지어 형성된 산악 지역으로 '영남 알프스'로 불린다. 특히 울산은 산과 바다가 공존하는 도시로 고래고기, 가자미, 털게수제비, 간국 등 다양한 해산물 음식이 발달했으며 동시에 소고기와 관련된 내륙 음식 문화가 발달한 곳이다. 바다와 높은 산맥이 둘러싼 거친 기후의 영향으로 대체로 간이 자극적이고 짠 편! 하지만 우리의 먹브로, 맛있는 음식은 그 지역의 특색을 끼고 있지만 편견을 깨는 음식도 존재한다는 걸 아는 쩝쩝박사들! 맛잘알 먹브로와 함께 울산을 시작해 경주, 포항으로 이어지는 '31번 국도' 맛난 먹트립을 시작해 보자!

언양에 왔으면 '언양 불고기'를 먹어 줘야지! 1960년대 고속도로가 건설되던 당시 건설 노동자들의 입맛을 사로잡아, 전국적으로 입소문을 타게 된 '언양 불고기'. 한 집 건너 한 집이 언양 불고깃집이지

만, 훈연 향과 고소함의 극치로 울산인들의 입맛을 녹인 〈언양기와집 불고기〉에 도착한다. 이곳은 오직 한우 암소만 고집해 사용하며 설도, 사태, 양지, 등심을 섞어 부드러움과 고기 본연의 맛을 극대화하는데, 특히 고소한 맛과 육즙을 위해 등심 비율이 50%로 다른 곳과 차이가 있다고 한다. 얇게 펴낸 불고기를 간장, 설탕, 마늘, 참기름으로 만든 양념장을 발라가며 참숯불 위에서 빠르게 뒤집어가며 훈훈한 향을 입혀내는 것이 노하우!

100년이 넘은 천석지기의 집에서 맛보는 30여 년 된 언양 불고기의 맛, 그 고소함의 극치를 맛보자! 일사불란하게 제자리 찾는 밑반찬들. 그중 눈에 띄는 쌈 소쿠리 속 채소, '언양 미나리'! 대대로 내려오는 설에 따르면 임금님 수라에 오르던 진상품으로 울산 태화강 청정수로 재배해 더욱 유명해졌다. 해독에도 좋고 향긋하고 연할 줄기가 특히 일품으로, 불고기와 함께 싸 먹으면 풍미가 배가 된다. 그리고 진짜 주인공 언양 불고기 도착입니다~

상추에 미나리 하나 올리고 파채 조금 올리고 불고기와 구운 마늘, 새송이버섯을 올려 싸 먹으면 무릎을 탁! 혀로 느끼기 전에 참숯 향에 얻어맞고 은은한 고소함으로 마무리된다. 보통 향은 금방 사라지는데 이곳은 참숯 화로가 계속 언양 불고기를 달궈주기 때문에 끝까지 그 향을 음미할 수 있다.

국물이 있는 서울식 불고기와 천지 차이로 육즙 가득 한우구이에 가까운 언양 불고기. 여기에 고소한 언양 참기름에 콕 찍어 먹으면 불고기 맛을 더 살린다. 절반 이상이 등심이라 확실히 부드러운 식감.

한국의 미와 전통이 느껴지는 이곳에서 임금님 부럽지 않은 고급스러운 한 상. 한우 암소 부위별 황금비율과 참숯으로 업그레이드 된 풍미. 맛의 특별함은 질 좋은 재료에서 온다.

일곱 번째 맛집 소감
**"여행의 시작을 알린 최고의 브런치!"**

## 31번 국도 특징

- 대한민국 일반 국도 중 하나로 부산광역시 기장군 일광면에서 함경남도 안변군에 이르는 길이다.
- 총길이 750km이며 남측 구간은 672.7km로 77번 국도에 이어 두 번째로 가장 길다.
- 울산 간절곶, 울산 시내를 거쳐 가며 경주 해안, 포항 구룡포를 한 줄로 아우르는 국도다.
- 7번 국도와 다르게 31번 국도는 도로를 달리다가 풍경 좋은 곳에 멈춰서 여유로움을 만끽하고 싶은 여행객들이 많이 찾는다.

## 한국 3대 불고기 특징

- **언양 불고기**
  - 얇게 썰어낸 소고기를 뭉쳤다가 넓고 얇게 펼쳐 구워내는 스타일
  - 국물 없이 바싹하게 익혀내며 숯에 구워 훈연향이 잘 자는 것이 특징
  - 고기 양념은 보통 간장, 설탕, 참기름만 사용하는 것이 정통의 방식
  - 언양 지역은 일제강점기부터 도축장과 푸줏간이 발달했으며, 생활이 어렵던 시절 소고기를 최대한 얇게 썰어서 양념에 재워두고 조금씩 반찬으로 구워 먹던 것에서 발달한 것
- **광양 불고기**
  - 얇고 길게 저며낸 소고기를 간장 양념한 후 화로에 바싹하게 구워내는 스타일
  - 과거 한국전쟁 이후 시장 정육점들이 팔고 남은 고기나 저렴한 부위를 얇게 썰어 양념을 발라 팔았다는 기원설이 가장 유력
- **서울 불고기**
  - 전골냄비에 소고기와 채소, 육수, 당면을 넣고 끓여내는 스타일
  - 과거 궁중 음식 '난로회'에서 유래한 것으로 전해짐
  - 보통 소고기 목살이나 등심을 얇게 썰어 사용

여섯 번째 길바닥 경상도 "울산 남구"

# 사골 선짓국 × 모둠 곱창구이

## 📍 원조집

| | |
|---|---|
| 주소 | 울산 남구 남산로 20 |
| 운영 시간 | 목~일 11:00~21:50 / 15:30~17:00 브레이크타임<br>20:50 라스트오더 / 매달 2번째 화요일 정기휴무 |
| 찾아 가기 | 태화강역 5001번 탑승 후 삼호철새공원 하차하여 도보 8분 |

최고의 브런치 '언양 불고기'를 맛보고 다음은 어디를 가볼까? 울산 토박이이자 아나운서의 표본 '오상진'과 함께 하는 울산 삼호동 먹트립! 우시장 발달로 유명해진 특별한 곱창 먹기! 상진의 단골집이자 로컬들만 아는 50년 된 추억의 노포 맛집 〈원조집〉에 입성한다.

100% 순수 한우만을 사용해 곱이 꽉 찬 곱창으로 신선함을 인증한 삼호동 곱창 거리의 터줏대감이다. 1975년부터 현재 가게 옆 건물에서 가정집 형태의 식당으로 시작해 3대째 이어오는 곱창 로켓 맛집! 상진이 어렸을 때 당시 울산은 공업지대다 보니 외식 문화가 발달하지 않았었다. 유명한 돼지갈빗집 하나, 곱창집 하나 정도였는데, 이 집이 지금까지 오직 맛 하나로 살아남은 추억의 집이다. 이곳 덕분에 곱창 거리가 형성되고 사람들이 유입되며 2023년부터 벚꽃이 필 때면 곱창 축제가 열리고 있다. 곱창 거리를 만든 원조 곱창집인 만큼 질기지 않고 부드러운 곱창 맛을 맛볼 수 있다. 지역별 최고의 곱창을 섭렵한 먹브로. 과연 그들을 능가할 수 있을지? 상진의 단골 메뉴 사

골 선짓국과 모둠 곱창구이, 어서 맛보도록 하자!

오랜만에 방문한 상진도 두근거리는 그때 등장하는 밑반찬과 애피타이저로 먼저 나온 간, 천엽! 영롱하고 싱싱한 자태를 뽐내는 애피타이저 한입에 스르륵 미소가 번진다. 천엽 하나만 봐도 느껴지는 내공. 그리고 등장하는 진짜 메일 요리! 상진의 기억 속 비주얼 그대로의 담백 고소한 모둠 곱창구이! 손님들의 기호에 맞게 초벌해서 나오는 방식으로 바뀌었지만, 맛은 옛날 그대로!

씹을수록 고소하고 담백한 모둠 구이! 빠른 손질과 최소한의 양념이 남다른 곱창 맛의 비결이다. 약간의 잡내와 꽉 찬 곱을 선호하는 사람들이 있는 반면, 곱의 텁텁함과 잡내 때문에 좋아하지 않는 사람

들도 있다. 하지만 이곳의 곱창은 호불호를 바꾸는 완벽한 밑간이 포인트로 고소하고 씹는 맛까지 일품이다. "맛있냐고 물으신다면 입만 아픕니다."

아나운서 시험장에서 처음 만났던 현무와 상진. 문턱 하나만 넘으면 아나운서의 길이 열릴 것 같았던 현무 앞에 나타난 상진을 보자마자 불합격을 예감했다. 왜 슬픈 예감은 틀린 적이 없는지, 그렇게 최종 면접에서 떨어진 현무. 하지만 각자 다른 방송사에 같은 해 입사하며 두 사람 모두 노력 끝에 자신들만의 길을 걷고 있다.

지난 이야기를 하며 먹다 보니 어느새 바닥난 곱창. 때마침 나오는 어릴 적 그 느낌 그대로의 '사골 선짓국' 등장! 직접 받아와 직접 손질한 선지라 선지 자체의 급이 다르다. 게다가 선짓국의 육수에도 소머리, 울대, 염통, 사태, 사골 등 맛있는 부위는 죄다 모아 끓여 그 깊이 역시 남다르다.

겉멋 부리지 않은 감칠맛에 있는 그대로 기본에 충실한 맛에, 순두

부처럼 부드러움의 차원이 다른 선지! 기대 없이 먹었다가 깜짝 놀라게 하는 이것이 정성으로 끓여낸 진짜 선짓국이다. 언제까지나 변치 않길 바라는 내 고향. 그리고 변하지 않아 감사한 그 맛. 3대째 이어오는 비법에 손님도 대를 이어 옵니다.

---

여덟 번째 맛집 소감
**"곱창 거리의 대장일만 하다!"**

### 소곱창 유래

- 16세기 문헌 〈산림경제〉에 '곱창이 맛도 좋고 영양가도 많아 곱창을 먹으면 힘이 나고 소화가 잘된다'라는 내용이 있다.
- 비싼 소고기를 먹지 못한 서민들이 내장인 곱창을 즐겨 먹었다고 한다.
- 소 곱창은 곱이 있는 그대로 사용해 요리되는 반면, '돼지 곱창'은 창자를 뒤집거나 가른 다음 씻어 요리한다.
- 돼지 곱창은 특유의 냄새가 있어서 그대로 구워 먹지 않고 양념장에 양배추, 깻잎, 파, 들깻가루 등 향이 강한 채소와 양념을 같이 곁들여 먹는 게 일반적이다.

### 울산 삼호동 곱창 거리

- 울산 우시장은 전국적으로 유명해, 과거 부산 동래, 영천, 대구에서도 소를 사러 오는 사람들로 문전성시를 이뤘다.
- 우시장이 삼호 곱창 거리 인근으로 옮겨지면서 도축장도 자연스럽게 생겼다.
- '와와도축장'이라고 불렀는데, 도축장에서 나온 부산물을 이용한 곱창 요리 식당들이 생겨나면서 곱창 맛집이 모여 있는 현재 삼호 곱창 거리가 형성되었다.
- 1975년 '원조집'이 곱창 거리에 처음 생긴 식당이다.

여섯 번째 길바닥 경상도 "울산 남구"

# 물가자미 회무침 × 가자미 찌개

📍 **어업인의 식당(수협구내식당)**

| | |
|---|---|
| 주소 | 울산 동구 동진5길 71 어업인식당1층 |
| 운영 시간 | 화~일 08:00~20:00 / 19:00 라스트오더<br>매주 월요일 정기휴무 |
| 찾아 가기 | 방어진 어촌계솔도 활어직판장에서 도보 약 4분 |

울산에 오면 반드시 먹어야 하는 해산물은 무엇일까? 고래고기? NO! 뻔히 나오는 답은 피해서 가는 것이 '전현무계획'이다! 찜 요리의 최강자, 비린내 적고 다양한 요리로 재탄생하는 '가자미'! 현무가 준빈과 상진을 데리고 갈 식당은 매일 울산 바다에서 잡는 생물 가자미만 취급하는 신선도 1등인 어업인들의 식당 〈수협구내식당〉! 그리고 이곳에는 인간 비타민 가수 '츄'가 이들을 기다리고 있다. 가자미의 고장, 국내 최대 가자미 생산지 방어진항으로 출발!

가자미가 서식하기 좋은 울산 앞바다. 암반층 위에 진흙과 모래가 덮여 있고, 수심 150m에 넓게 펼쳐진 대륙붕 지형도 가자미가 서식하기에 최적의 환경이다. 그 때문에 울산은 가자미 전국 총생산량의 60~70%를 차지하는 황금어장이다.

울산의 풍경을 벗 삼아 가다 보니 도착한 방어진항. 1971년 국가어항으로 지정된 위판장과 경매장이 있는 울산 대표 어항이다. 게다

암반층 위에 진흙과 모래가 덮여 있어 가자미가 서식하기 최적의 환경을 갖춘 울산 앞바다

가 가장 넓은 위판장으로 유명하고 바다의 낭만과 아름다운 풍경이 있는 곳! 이곳에서 먹브로와 상진을 기다리는 미식 Lv.0 츄와 함께 '위판장 옆 식당은 맛집!'의 법칙을 느끼러 가보자.

〈수협구내식당〉은 간판은 '어업인 식당'이지만 현지인, 관광객 모두 식사가 가능한 방어진항의 맛집이다. 경매장에서 공수한 신선하고 두툼한 살과 부드러운 맛의 용가자미를 넣어 끓인 가자미 찌개가 인기 메뉴! 여기에 곁들이는 밑반찬으로 미주구리(물가자미) 회무침은 뼈째 썰어 씹을 때마다 고소함이 터지는 맛이 일품이다. 울산 어업인 성지의 신선함을 맛보도록 하자!

먼저 물가자미 회무침으로 입맛을 돋우는 네 사람. 뼈째 씹히는 고

소함이 입안 가득 퍼진다. 기다림도 잠시 새빨간 국물의 용가자미 가자미 찌개 등장! 냄비 바닥에 시원한 무를 깔고 손질한 용가자미를 안착해 비법 양념과 싱싱한 야채를 듬뿍 넣어 끓여낸 가자미 찌개! 울산 바다 향을 그대로 살렸다. 두툼하게 살이 오른 용가자미, 이 정도는 돼야 먹을 게 많지~

국물 냄새부터 내 스타일이야! 제철 용가자미 살부터 영접해 보자. 울산 남자도 부산 남자도 감동하게 하는 부드러운 속살! 젓가락질 한 번으로 손쉽게 뜯어지는 두툼함! 맵지 않고 쌀뜨물 비법으로 요리해 더욱 맑고 시원한 국물! 이 국물에 흰밥을 푹 적셔 먹으면 한국인의 DNA를 깨우는 바로 그 맛이다! 소중한 사람과 나누고 싶은 고향의 맛. 식재료의 퀄리티가 높은 울산! 알면 알수록 빠져드는 울산의 맛은 재료가 다했다.

---

**아홉 번째 맛집 소감**
**"한 점 한 점이 그저 감동이구나."**

### 다양한 가자미 종류

- **용가자미**
  - 12월~5월까지가 제철로, 다른 가자미과 어류와 달리 입이 크고 잔 이빨도 나와 있어서 광어랑 헷갈릴 수도 있다.
  - 위쪽 눈이 머리 꼭대기에 붙어 있어 몸을 뒤집었을 때 눈이 보고, 붉은 테두리에 긴 등지느러미가 특징이다.
  - 지역에 따라 '포항가자미', '속초가자미'로 불리기도 하며, '어구가자미', '참가자미'로 다양하게 불린다.

- **기름가자미**
  - 동해 깊은 저층에 서식하고 지방이 많은 가자미 생물이다.
  - 구우면 살이 잘 부스러져서 대부분 꾸덕하게 말려서 구워 먹는다.

- **물가자미**
  - 몸은 타원형으로 머리의 등 쪽은 위, 눈 근처에서 약간 오목, 두 눈 사이 좁고, 주둥이는 약간 위쪽으로 구부려져 있는 것이 특징이다.
  - 살에 수분이 많아 구이나 튀김으로 이용할 때는 반건조로 사용하고, 말려서 조림으로 먹기도 하며, 선도가 좋아 잘게 막 썰어 회로 먹어도 일품이다.

여섯 번째 길바닥 경상도 "포항 북구"

# 양념돼지갈비

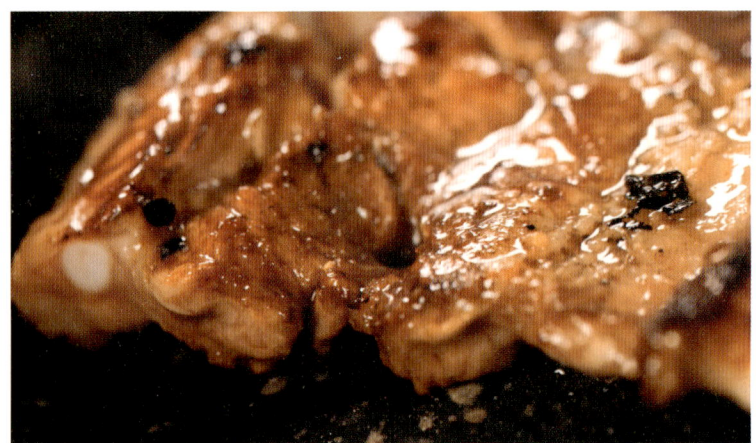

📍 **대왕갈비**

| | |
|---|---|
| **주소** | 경북 포항시 북구 학전로 69 |
| **운영 시간** | 월~일 12:00~21:30 / 14:30~17:00 브레이크타임 |
| | 21:00 라스트오더 |
| **찾아 가기** | 영일대 해수욕장 도보 10분 |

재료가 모든 것을 다 한 울산의 맛을 경험하고 이제 31번 국도를 타고 해안도로를 달려 '포항'으로 향하는 먹브로! 구룡포 특산물 과메기부터 포항식 물회, 돔배기(상어고기), 대왕 문어 등 해산물 천국 포항에서의 맛 기행! 이 맛있는 여정은 포항의 아들, 포항의 찐 토박이 레전드 축구선수 '이동국' 계획으로 진행시켜! 포항에서 안 먹으면 섭섭한 디저트부터 동국의 원픽 맛집까지, 눈을 감아도 눈을 떠도 느껴지는 포항의 맛! 31번 국도 맛집의 처음과 끝을 다 한다. 토박이 맛집, 맛보러 갑시다!

동국의 기억 속 겉모습은 많이 바뀌었지만, 여전히 포근함을 간직한 포항. 과연 포항 토박이 이동국의 첫 번째 추억의 맛집은 어디일까? 많이 유명하지 않지만, 동국의 청춘이 녹아있고 핑크빛 추억이 가득한 〈대왕갈비〉! 도착하자마자 서로를 한눈에 알아보는 이동국과 사장님! 그만큼 이곳은 동국이 포항 스틸러스 시절 경기 끝나면 무조건 방문해 체력을 보충하고, 데이트도 했다는 찐 단골 맛집이다.

1998년 개업해 30년 가까이 맛과 전통을 이어오는 포항 로컬 맛집이다.

무항생제 국내산 돼지고기만 사용하는 이곳은 특히, 기름기가 적고 맛있는 암퇘지 정갈비만을 사용한다. 처음부터 끝까지 직접 손질해 가짜로 뼈를 붙이지 않은 '진짜' 돼지갈비! 양념이 잘 스며들도록 노련하고 정교한 손질과 비법 양념에 48시간 숙성한, 찐 돼지갈비를 먹어 보자!

맛있게 잘 구워진 큼지막한 돼지갈비 한 점을 먹으면, 여전한 그때 그 맛! 그날 치른 경기를 복기하며 동료들과 함께한 저녁 식사 추억이 떠오르게 한다. 누구나 맛있게 즐길 수 있는 기분 좋은 양념 맛과

술술 넘어갈 만큼 부드러운 고기 육질. 그냥 먹어도 맛있지만 알싸한 생마늘과 먹어도 달콤한 현무 추천 최강 맛의 밸런스. 4736번째 감탄하게 만든다.

추억 이야기는 계속되고 젓가락질도 계속된다. 추천한 사람도 먹는 사람도 미소로 화답하게 하는 20년 만에 찾아온 이동국의 단골 식당. 맛도 인심도 그때 그대로. 오랜 단골손님이 오히려 뿌듯했던 식사. 해산물만큼이나 갈비도 일품이다.

---

**열 번째 맛집 소감**

"20여 년 전 단골집에서 회포 푼 날.
그때가 바로 떠오를 만큼 변함없는 맛이에요."

## 돼지갈비 유래

- 돼지갈비는 대표적인 서민 음식으로 손꼽히는 음식이다. 갈비는 원래 소의 갈빗살을 이용해서 만든 건데, 비싼 소고기를 대체해 탄생한 것이 돼지갈비다.
- 옛부터 힘들거나 즐거운 일, 귀한 손님이 오면 돼지갈비에 반주로 삶의 애환을 풀었다고 해서 '서민 음식'으로서 역사가 깊은 음식이다.
- 지역에 따라 '마포갈비', '포천 이동갈비', '서서갈비' 갈비 삼대장이 있다.
- 제일 유명한 '마포갈비'는, 한국전쟁 이후 미군들을 대상으로 술집과 식당가가 생기며 미군들이 버린 드럼통에 연탄불을 올리고, 저렴한 돼지갈비를 판 게 대박이 나며 갈비 골목이 형성됐다.
- '포천 이동갈비' 역시 미군 부대에서 나오는 고기를 구인과 면회객들에게 저렴한 가격에 박리다매로 팔면서 유명해진 것이다.
- 서서 먹는다는 '서서갈비'는, '서로 무리 지어 먹는다'는 뜻으로 신촌 운전기사들이 앉을 새도 없이 연탄 드럼통 앞에 서서 갈비를 먹고 가면서 유명세가 붙었다.

여섯 번째 길바닥 경상도 "포항 북구"

# 물회 × 가자미구이

📍 **송골횟집(송골회식당)**

| | |
|---|---|
| 주소 | 경북 포항시 북구 해안로 521 |
| 운영 시간 | 수~월 11:00~21:00 / 15:00~17:00 브레이크타임<br>20:00 라스트오더 / 매주 화요일 정기휴무 |
| 찾아 가기 | 영일대 해수욕장 바다를 끼고 우측 여남항 끝 집 |

잘 먹었으니 입가심할 차례인데 포항에는 특별한 디저트가 있다? 포항은 '이동국계획'! 일단 믿고 따라오세요! 동해안에서 가장 큰 규모를 자랑하는 포항의 대표적인 영일대 해수욕장을 따라 걷다 보면, 여남항의 오묘한 빛깔로 물드는 저녁 감성에 취한다. 그렇게 곧 분위기 좋아 보이는 카페가 눈에 들어오는데…. 어딘가에서 발길을 멈추는 먹브로와 동국. 횟집 간판을 보고 놀라는 현무와 준빈. 간식이 '회'라고? 포항에서 동국의 간식은 바로 '물회'다! 국가대표의 남다른 K-디저트 선택!

　이들이 도착한 곳은 100% 자연산 횟감을 사용해 육수 없이 고추장을 넣어 비벼 먹는 포항식 '물 없는 물회' 맛집〈송골회식당〉이다. 35년 이상 포항 앞바다에서 직접 잡은 100% 자연산 참가자미와 제철 도다리를 사용해 꼬들꼬들한 식감과 고소한 맛이 일품이다. 웨이팅은 필수! 현지인과 관광객 모두에게 사랑받는 맛집에서 포항식 물회, 제대로 맛보도록 하자!

참가지미 물회 3인분을 주문하고 곧이어 나오는 기본 제공 메뉴 '가자미구이'! 서울에서는 하나의 메뉴로 내어지는 음식인 반면, 포항 울산에서는 가자미가 기본 반찬으로 나올 정도로 많이 잡히고 좋아하는 생선이다. 밑반찬이라고 얕잡아 보지 마라! XXL급 사이즈에 두툼한 생선 살은 남다른 존재감을 드러내는 하나의 요리다. 치즈케이크처럼 먹음직스러운 노란 빛깔, 오랜만에 맛보는 고향의 맛. 가자미를 빼놓고는 경상도를 얘기할 수 없을 정도로 이번 31번 국도 먹트립 최고의 식재료다!

가자미구이 매력에 흠뻑 빠진 사이 잊고 있던 '강도다리 매운탕'! 강도다리 뼈와 내장까지 넣어 무와 함께 시원하게 끓여낸 후 고춧가루를 팍팍 넣어 빨간 색깔로 맛의 농도를 맞췄다. 재료의 신선함이 국물에 스며들면 속수무책으로 빠지는 마성의 맛! 매콤하고 시원한 포항 바다의 맛은 어떨까? 신선함과 칼칼한 시원함이 조화를 이룬다. 목젖을 강타하는 칼칼한 깊은맛에서 맛의 내공이 느껴진다. 한 입 맛

보면 매워도 자꾸만 당기는 맛이다!

하지만 진짜 메인은 지금이 시작이다! 포항 뱃사람들의 소울푸드 '참가자미 물회' 등장이요~ 처음 경험하는 포항 스타일의 '물 없는 물회'! 여남항 앞바다에서 직접 잡은 100% 자연산 참가자미회만 봐도 로컬 맛집의 자부심이 가득하다. 대접에는 오직 오이와 무, 참가자미, 참기름, 김가루, 청양고추, 참깨만 들어간다!

여기까지 셰프의 손길이었다면 이제는 먹는 사람이 직접 요리할 차례! 포항 물회 맛있게 먹는 법 전격 공개! [고추장 1순가락 → 얼음 4~5알 → 생수 종이컵 기준 2/3컵] 넣어 맛있게 비벼 먹으면 끝! 기호에 따라 가감하기에 물회에는 정답이 없다. 그저 즐기는 자가 승자

다. 새벽녘, 선상에서 밥 대신 먹었던 어부들의 패스트푸드 물회, 과연 그 맛은?

두 눈이 번쩍 뜨이는 맛! 고추장만으로도 부족함이 없이 본연의 맛이 느껴진다. 물에 희석되지 않은 참가자미의 보드라운 식감. 포항 물회의 진한 장맛이 다 했다! 여기에 경상도 스타일로 밥도 말아 먹으면 물회의 끝없는 변신을 맛볼 수 있다. 밥알에 스며든 맛깔나는 양념과 시원한 목 넘김. 여름 추천메뉴로 제격이다.

포항에 왔으니 포항 스타일로 도전하길 잘했다. "완벽한 디저트였다." 라이언 킹 '이동국계획' 대성공! 먹브로의 먹성에 동국은 그저 뿌듯한 한 끼였다. 생각보다 단순한 맛에 관한 진실. "재료가 신선하면 일단 성공". 입맛은 쉽고 정확하다. 완벽한 포항의 디저트, 포항 물회 드셔보실래예?

> 열한 번째 맛집 소감
> **"포항에서 물회는 빙수다!"**

### 포항 토박이 동국의 오리지널 포항식 물회 먹팁

- 포항식 물회는 고추장을 넣고 약간 뻑뻑하게 비비는 게 맛있다.
- 야채랑 회가 비벼지면서 자연스럽게 즙이 나와 비벼서 먹다가 나중에 취향대로 얼음 넣고 생수 부어서 먹거나, 밥을 같이 비벼 먹어도 맛있다.

## 물회의 유래와 지역별 차이

- 물회는 어부들이 조업 중간에 급하게 끼니를 챙길 때 먹던 음식으로, 갓 잡은 생선에 양념과 물을 섞어서 마시듯이 먹던 것에서 유래됐다.
- 보통 사람들에게 대중적으로 알려진 물회는 '강원도 영동 지방식 물회'로, 차가운 육수에 새콤달콤한 양념장을 풀고 횟감을 말아먹는 방식이다. 강원도는 오징어가 유명해 오징어가 들어간 물회가 많다.
- '포항 경북식 물회'는 비빔회에 가까운 물 없는 물회 스타일로 꾸덕꾸덕한 고추장의 장맛을 제대로 느낄 수 있다. 여기에 가자미회를 이용한 물회가 제일 인기가 높다.
- '남해 전라도식 물회'는 고추장이 아닌 된장과 김치를 이용한 물회로, 구수하면서 김치의 칼칼한 맛이 섞인 토속적인 맛이 특징이다.
- '제주식 물회'는 된장이나 식초를 섞은 육수에 뼈째 썰어낸 회를 넣어 약간 슴슴하면서 구수한 맛이 난다. 특히 자리돔을 이용한 자리물회가 별미다.

## 참가자미와 도다리

- **참가자미**
  - 3월~7월까지 제철인 참가자미는 탱글탱글한 식감과 고소한 맛이 일품이다.
  - 참가자미는 환경에 예민하기 때문에 양식이 불가능(100% 자연산).
  - 대표적인 흰살생선으로 소화 흡수력 뛰어나며 일반 가자미보다 더 쫄깃한 식감을 자랑한다.
  - 가자미류 중에 가장 맛이 뛰어난 걸로 손꼽힌다.
  - 온도 5~7도, 수심 100~200미터의 차가운 모랫바닥에 서식라며 새우 멸치 호래기 등을 먹고 자란다.
  - 함경도에서 전해져 내려온 '가자미식해'의 재료로 이용한다.

- **도다리**
  - 가자미과에 속하며, 도다리의 정식 명칭은 '문치가자미'!
  - 단백질이 풍부하고 열량이 낮아 다이어트 음식으로도 손꼽힌다.
  - 특유의 쫄깃하고 개운한 맛 때문에 회로 즐겼을 때 가장 맛있다.
  - 광어와 생김새가 비슷해 '좌광우도'라는 말이 생겼다(눈이 오른쪽에 달리면 도다리).

여섯 번째 길바닥 경상도 "포항"

# 생삼겹 구이&주물럭 × 홍게 라면

📍 **무계획식당**

| | |
|---|---|
| 운영 시간 | 현무 마음 내킬 때 |
| 찾아 가기 | 본방사수 |

완벽했던 '이동국계획'이 끝나고, 먹브로가 도착한 이곳은? 밤바다의 낭만이 가득, 감성이 폭발하는 아늑하고 조용한 분위기의 포항 앞바다가 펼쳐진 캠핑장이다. 그런데 캠핑장에는 왜…? 2022년, 현무가 연예 대상 수상 직후 일출을 보러 내려왔던 이곳. 상반기 결산 느낌으로 경건한 마음으로 일출을 보기 위해 온 것이다! 오직 맛을 위해 떠난 맛있는 한 끼를 위해 전국을 누빈 먹브로. 무계획으로 들이닥쳐 전국의 별미 도장 깨기! 먹브로, 미식에 눈을 뜨다. 각양각색의 맛을 섭렵해 미식가로 레벨 업! 그래서 이번엔 맛잘알 먹브로가 직접 셰프가 된다! 역대급 오션뷰가 탁 트인 동해바다를 코 앞에 두고 즐기는 31번 국도 먹트립 마지막 저녁 만찬! 메인 셰프 현무와 보조 셰프 준빈의 무계획식당 OPEN!

그 첫 번째 메뉴, 삼겹살과 목살 종합 세트! 빛깔 곱고 고급스러운 담음새. 보기도 좋고 먹기도 좋은 돼지고기 꽃다발. 보기만 해도 설렘 한도 초과다. 배운 대로 참숯에 구워 볼까~ 식당 영업의 시작을 알리

는 바비큐 불 향 좋고~ 참숯에 구워 기름은 쏙 빠지고 향은 골고루 입힌다. 그동안 먹기만 했던 것이 아니다! 먹으면서 체득한 굽기 스킬! 돼지고기의 풍미를 살리는 손길!

겉바속촉 육즙 가득 담긴 삼겹살과 함께, 포항에서 모르면 간첩인 〈고바우식당*〉에서 포장해 온 생삼겹 주물럭도 조리하는 먹브로! 기름기 제거한 삼겹살에 설탕과 고춧가루, 다진 마늘, 참기름, 고추장을 아낌없이 넣어 양념이 잘 배도록 하룻밤 숙성한 것이다. 메뉴도, 분위기도, 타이밍도 예술!

현무가 구운 순정 삼겹살 먼저 한 점! 밑간 없이 구웠지만 너무 맛있잖아~ 참숯 향과 고소한 돼지고기의 맛! 고기가 두툼해서 씹을 때마다 육즙이 팡팡 터진다. 쌈도 맛있고 김치에 먹어도, 어떻게 먹어도 맛있지만, 별빛 아래 오붓하게 즐겨 더욱 맛있다.

* **고바우식당** 경북 포항시 북구 중앙상가5길 15 고바우식당 | 매일 11:30~23:00 운영, 22:15 라스트 오더(매달 2, 4번째 월요일 정기휴무)

그렇다면 포항 사람 모두가 사랑한다는 주물럭은? 특제 양념이 빛을 발하는 순간. 적당히 익어 아삭거리는 파의 식감까지 더해져 풍미가 더욱 좋다. 주물럭이 낼 수 있는 최상의 맛. 일반 고추장 양념과 절대 비교 불가 주의!! 주물럭 양념의 감칠맛이 입안을 가득 채우고 생삼겹으로 입맛을 리프레시! 맛도 분위기도 모두 성공적인 '무계획식당'이다.

촬영하는 내내 더 닮아간 현무와 준빈. 준빈의 나이대를 겪어 온 현무는 어쩌면 준빈의 모든 생각을 다 읽고 있지는 않았을까. 마치 십수 년의 텀을 두고 평행이론을 살고 있는 듯한 두 사람.

"저도 형님처럼 성공할 수 있나요?"

"이미 성공하시지 않았나요? 하하하." 어느새 웃음마저 닮아있다. 그리고 감성에 취해 툭 터놓는 속마음. 15살이라는 나이 차에도 불편함 없이 편해진 사이가 됐다. 허물없는 친구가 되고 싶었던 현무. 속

마음을 말하는 두 사람에게서 서로에 대한 존중이 가득 느껴진다.

고기만 먹다 보니 칼칼한 국물이 당기는 준빈. 그래서 무 셰프가 나선다! 포항의 대표 별미 '홍게'가 듬뿍 들어간 감칠맛 폭발, 홍게 라면! 푸른 바다에서 건진 진홍빛 보물 홍게를 잘라 냄비에 투하! 통통한 홍게가 통째로 들어가 면발 사이사이 홍게의 풍미를 불어넣는다. 돼지고기와 김치까지 넣으면 더 이상의 순정은 포기한다! 포항에서 맛보는 무 셰프 사랑 가득 담긴 야외 삼겹 김치 홍게 라면! 국물 한 모금에 놀라움을 금치 못하는 두 사람. "엄청난 것을 만들어 버렸다!"

폭발하는 감칠맛에 자기 요리에 흡족해하는 메인 셰프와 놀라서 입을 다물 수 없는 보조 셰프! 자칫 비릿할 수 있는 국물에 김치를 넣은

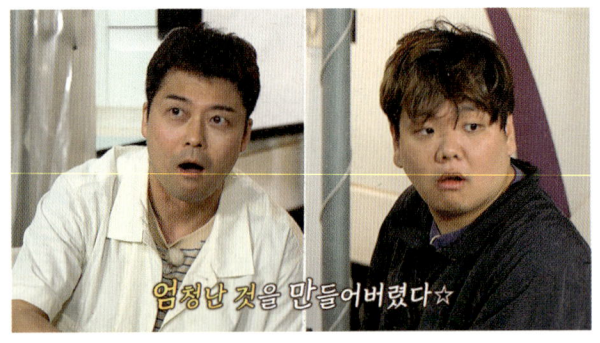

게 신의 한 수다. 홍게와 김치의 궁합, 새삼 감탄하게 된다. 역시 맛의 세계는 무궁무진하다.

웃음과 낭만이 가득했던 밤이 지나고 오늘의 해를 맞을 시간. 서서히 밝아오는 밝은 여명. 먹브로 눈앞에 펼쳐진 풍경에 이른 아침부터 황홀하다. 잔잔한 바다. 드넓은 해수욕장에 나란히 하늘을 바라보는 두 남자. 고요한 이 순간, 해가 떠오르는 그 찰나를 보기 위해 지금 우리는 여기에 왔다. 서서히 붉어지는 하늘. 한 해의 중반부에서 새로운 해를 기다린다.

그들에게 화답하듯 빨갛고 동그란 해가 수면 위로 떠오른다. 이토

록 찬란한 태양을 우리는 살면서 얼마나 본 적이 있을까. 어제와는 또 다른 오늘의 태양. 이 순간을 경험할 수 있기에 그리고 이 순간 우리가 함께할 수 있음에 벅차오르는 감동과 감사함. 나이도 식성도 취향도 다르지만, '밥'에는 진심이었던 밥 친구. 앞으로도 맛있는 건 같이 먹어요!

---

열두 번째 맛집 소감
**"현무 형에게 앞치마를 드리겠습니다!"**

( 포항 홍게 )

- 껍데기가 단단하며 몸 전체에 붉은색이 돌아 '홍게'라고 이름이 붙여졌다.
- 동해에서만 잡히며, 더운 여름(7~8월)을 제외하면 언제든 만나볼 수 있는 식재료다.
- 대게보다 다리가 비교적 짧은 편이며 대게보다 깊은 바다에 서식하기 때문에 좀 더 짭짤한 맛이 난다.
- 진하고 선명한 색을 가지고, 배에 하얀색 줄이 적거나 희미해야 100% 가까이 속살이 찬 좋은 홍게다.
- 특히 포항 구룡포 시장에는 구룡포항에서 잡은 대게, 홍게를 판매하는 식당이 즐비한 골목이 있다.

## 에필로그

### "이 동네 사람들만 몰래 먹고 있었네!"

〈전현무계획〉이란 방송을 시작하고 2년이 다 되어가는 지금,
가장 기억에 남는 말입니다.

처음엔 그냥 밥 한 끼 먹자고 만든 프로그램이었습니다.
현무형 준빈이와 함께, 섭외 없이, 무작정 가게 문을 열고
들어가 보는 거죠.
이게 예능이냐고 묻는다면, 저희도 가끔은 잘 모르겠습니다.
그냥… 동네 곳곳 지나칠 수도 있는 식당에서 '밥 먹고 나오는'
방송이니까요.

그런데 이걸 하다 보니까, 놀라운 걸 하나 깨달았습니다.
우리나라에 이렇게 맛있는 식당이 많을 줄 몰랐다는 거.
찾아도 찾아도 또 나왔고, 갈수록 더 깊은 곳에서,
더 대단한 집들이,
단출해 보이지만 더 대단한 맛들이 우리 앞에 나타났습니다.

특히 시골 동네, 골목 하나 비틀어 들어간 곳에서 "어, 여긴 뭐지?"
싶은 가게를 만나면 늘 이런 말이 튀어나왔어요.

"야… 이 동네 사람들만 몰래 먹고 있었네?"

간판은 바래져 있고, 손님도 동네 어르신 몇 분.
그런데 음식은… 와. 진짜였습니다.

저희는 이 프로그램을 '맛집 찾는 예능'이라고
부르지도 못했습니다.
'무슨 방송'이라고 규정할 필요가 있을까 싶습니다.
그냥 밥 먹을 때 틀어놓고 같이 밥 한 끼 하는,
그냥… '밥'.

**연출 이효원**

길바닥 (無)명큐멘터리
# 전현무계획

초판 1쇄 발행   2025년 9월 30일

지은이   MBN 〈전현무계획〉 제작팀
발행인   곽철식

원고작성 및 편집   김나연
디자인   박영정
마케팅   박미애
펴낸곳   다온북스
인쇄   영신사

출판등록   2011년 8월 18일 제311-2011-44호
주소   경기도 고양시 덕양구 향동동391 향동dmc플렉스데시앙 ka1504호
전화   02-332-4972   팩스   02-332-4872
전자우편   daonb@naver.com

ISBN   979-11-93035-90-0 (13590)

- 이 책은 저작권법에 따라 보호받는 저작물이므로 무단 전재와 무단 복제를 금하며,
  이 책의 내용의 전부 또는 일부를 사용하려면 반드시 저작권자와 다온북스의 서면 동의를 받아야 합니다.
- 잘못되거나 파손된 책은 구입한 서점에서 교환해 드립니다.

- 다온북스는 독자 여러분의 아이디어와 원고 투고를 기다리고 있습니다.
  책으로 만들고자 하는 기획이나 원고가 있다면, 언제든 다온북스의 문을 두드려 주세요.